Orchideen

Handbuch

Joachim Erfkamp

Orchideen
Handbuch

KOSMOS

Orchideen Handbuch

Orchideenpraxis und -pflege · 46

Orchideen-Porträts · 80

Die Welt der Orchideen

Geschichte und Geschichten

Als die Welt noch jung war, stiegen die Götter auf die Erde herunter und wirkten auch unter den Menschen. Die Göttin Xanath fand großen Gefallen an den Menschen und verliebte sich besonders in einen jungen und starken Krieger aus dem Volke der Totonac. Doch der Rat der Götter entschied, dass sie als Unsterbliche keine Verbindung mit einem sterblichen Menschen eingehen dürfe und verbot ihr den Umgang mit den Menschen. Ihren Geliebten nicht mehr treffen zu dürfen, brach Xanath das Herz. Sie nutzte ihre göttliche Kraft, um sich in eine wunderschöne Blume zu verwandeln, deren Zauberkraft dem Volk der Totonac Stärke und Wohltat zugleich zu geben vermochte. Der Name dieser Zauberblume lautet „Vanille".

Dieses Märchen über die Herkunft der Orchideen erzählt man sich beim Volk der zu den Maya gehörenden Totonac aus Mexiko. Viele solcher Geschichten ranken sich in aller Welt um die Orchideen. Schon immer waren diese Pflanzen etwas Besonderes, umgeben vom Flair des Geheimnisvollen und Zauberhaften. Im alten China galten die Orchideen (vor allem *Cymbidium ensifolium* und *Cym. goerengii*) als Sinnbild der Reinheit und Bescheidenheit und gehörten zu den „Vier Edlen" (Bambus für den Winter, Pflaumenblüte für den Frühling, Orchidee für den Sommer und Chrysantheme für den Herbst), die die vier Jahreszeiten symbolisierten. Die Chinesen sind wahrscheinlich auch die ersten Menschen, von denen wir aus Schriftstücken und von

▶ *Vanilla planifolia* war die erste exotische Orchidee, die abgebildet wurde.

Tuschebildern auf Seidenrollen wissen, dass sie Orchideen wegen ihrer Schönheit und ihrer symbolischen Bedeutung als Zierpflanzen kultiviert haben.

Orchideenkunde

In Europa beschäftigten sich vor allem Naturphilosophen als Vorläufer der Mediziner und Naturwissenschaftler mit Orchideen. Die Bezeichnung „Orchidee" geht zurück auf den Namen „Orchis", der dem Plato-Schüler Theophrastos (372 bis 287 v. Chr.) zugeschrieben wird. „Orchis" heißt auf Griechisch „Hoden" und rührt nicht nur von der Form der Knollen bestimmter Erdorchideen aus dem mitteleuropäischen Raum her. Im Volksglauben hieß es, wenn der Mann vor der Hochzeitsnacht die Knollen dieser Pflanzen aß, würde seine Frau mehr männliche Nachkommen gebären. Dieser Glaube hielt sich bis ins Mittelalter und führte beispielsweise auch zum Namen „Knabenkraut", mit dem einige unserer heimischen Orchideen bezeichnet werden. Eine weitere Nutzung der europäischen Erdorchideen ist das so genannte „Salep",

das als Verdickungsmittel seit Jahrhunderten in der Küche des östlichen Mittelmeerraums und Kleinasiens verwendet wurde und leider teilweise auch heute noch verwendet wird, obwohl es heute günstige Ersatzprodukte gibt, die nicht von wild wachsenden Orchideen gewonnen werden müssen.

Im 18. Jahrhundert interessierte man sich in Europa zunehmend auch für fremdländische Nutzpflanzen. Aus den neu entdeckten Ländereien in Afrika, Asien und dem südlichen Amerika kamen neben Gold und anderen Edelmetallen auch zahlreiche Pflanzen und Pflanzenprodukte, die zum Teil als Genussmittel und teilweise auch als Kuriositäten im höfischen Leben der damaligen Zeit eine Rolle spielten. Die erste tropische Orchidee, die in diesem Zusammenhang nach Europa kam, war die Vanille. 1729 wurden die ersten Pflanzen in England kultiviert. Orchideen als Zierpflanzen fanden aber erst im frühen 19. Jahrhundert Zugang in die Pflanzensammlungen von Adelshäusern und reichen Kaufleuten. Anfangs waren diese Pflanzen nur Adeligen und

Wohlhabenden vorbehalten, da zu ihrer Pflege beheizbare Gewächshäuser oder Orangerien notwendig waren. Ein regelrechter Wettbewerb unter den Liebhabern führte dazu, dass immer wieder neue Orchideen importiert wurden. Es entstand eine Reihe von bedeutenden Sammlungen, verteilt über ganz Europa. Sie wurden von hervorragenden und erfahrenen Gärtnern betreut und von bedeutenden Botanikern wie Lindley oder Reichenbach wissenschaftlich begleitet. Ein großer Teil der heute bekannten Arten wurden in jener Zeit entdeckt und nach Europa eingeführt. Dies war die große Zeit der Orchideen in Europa. Leider gingen sehr viele dieser großen Sammlungen nach den beiden Weltkriegen für immer verloren. Erst mit der weiten Verbreitung der Zentralheizung konnten Orchideen als Zierpflanzen in unseren Wohnungen Fuß fassen. Inzwischen gehören Orchideen, darunter ganz besonders die *Phalaenopsis*, zu den beliebtesten und pflegeleichtesten Zimmerpflanzen überhaupt.

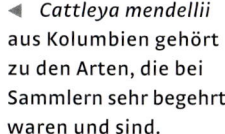

▶ ▲ **Anfang des letzten Jahrhunderts waren die kühl zu kultivierenden Vertreter der Gattung *Odontoglossum*, hier *Odn. Nancy Crees*, sehr beliebt.**

◀ *Cattleya mendellii* aus Kolumbien gehört zu den Arten, die bei Sammlern sehr begehrt waren und sind.

Die großen Sammler und Sammlungen

Die zweite Hälfte des 19. Jahrhunderts war die große Zeit der Sammler und Sammlungen. Sowohl große Gärtnereien wie Loddiges, Veitch und Sanders in England oder Linden in Belgien als auch viele private Sammler rüsteten Expeditionen in den Ursprungsländern der Orchideen aus, um neue Pflanzen zu importieren. Unter diesen „Orchideenjägern" bestand eine scharfe Konkurrenz, und die Geschäftsmethoden waren alles andere als naturschonend. Oft setzten sie andererseits aber auch ihr Leben dabei aufs Spiel. So wird beispielsweise von Carl Roebelin die folgende Geschichte erzählt: Als Sammler für die Gärtnerei Sander bekam er den Auftrag, eine rote *Phalaenopsis* zu finden. Er bereiste die Philippinischen Inseln und landete auf Mindanao. Dort nahm er Kontakt mit dem Stamm der Subano auf. Diese befanden sich im Krieg mit dem feindlichen Stamm der Bagabos. Während des Festes zu Ehren des Gastes ertönten plötzlich die Kriegshörner der Bagabos. Die Subanos brachten ihren Gast in einem hohen Baumhaus in Sicherheit. Als sich der Kriegslärm langsam legte, bebte plötzlich die Erde. Nun war Roebelin aber der Rückweg versperrt, denn die Strickleiter war zerrissen. Er musste bis zum nächsten Morgen warten, bis er im Licht

◀ **Das Palm House in Kew Gardens, dem Botanischen Garten von London, ist ein Beispiel für die ersten großen Gewächshäuser zur Beherbergung wertvoller Pflanzensammlungen.**

Viele Botanische Gärten besitzen große Sammlungen und schöne Schauhäuser. Orchideen kann man unter anderem in folgenden Einrichtungen bewundern:

▶ botanischer Garten Hamburg
▶ botanischer Garten in Berlin-Dahlem
▶ Berggarten Hannover mit seinem Tropenhaus
▶ Wilhelma in Stuttgart
▶ botanischer Garten in Heidelberg
▶ botanischer Garten Schloss Nymphenburg (München)
▶ Palmengarten in Frankfurt

◀ In tropischen Ländern, wie hier im botanischen Garten Singapur, werden Orchideen im Freien kultiviert.

▼ *Phragmipedium besseae*, die einzige rotblühende Frauenschuhart, stammt aus Peru und Ekuador.

der Morgensonne herunterklettern konnte. Auf dem mühsamen Weg nach unten entdeckte Roebelin die großen, farbenprächtigen Blüten einer bis dahin unbekannten Vanda-Art: *Vanda sanderiana*.

Es gibt viele solcher Geschichten, die mit Namen wie Wilhelm Micholitz, Benedict Roezl oder George Ure-Skinner in Verbindung gebracht werden. All diese Männer waren Sammler, die im Auftrag von Gärtnern und Privatpersonen neue Orchideen suchten. Zu den Auftraggebern zählten auch so bekannte Namen aus dem deutschsprachigen Raum wie Baron Schröder (*Cattleya schroederae*) oder Konsul Schiller (*Phalaenopsis schilleriana*), die in Orchideennamen verewigt wurden.

Was sind Orchideen

Es ist in den meisten Fällen relativ leicht, eine Orchidee unter anderen Pflanzen zu erkennen. In vielen Fällen gibt es charakteristische Merkmale, durch die sie sich von anderen Pflanzengruppen unterscheiden, sowohl in der Blüte als auch in der Wuchsform und der Gestalt, dem so genannten „Habitus" der Pflanze.

Die Wurzeln

Orchideen haben sehr verschiedene Lebensräume erobert und viele Anpassungen an ihre ökologischen Nischen entwickelt. So gibt es fast weltweit Erdorchideen. Sie stehen in Konkurrenz zu den um sie herum wachsenden Pflanzen und haben unterschiedliche Strategien entwickelt, um sich zu behaupten. So haben fast alle Erdorchi-

deen Speicherorgane in Form von verdickten Wurzeln, Rhizomen oder Wurzelknollen. Vor allem in Gebieten mit ausgeprägten Jahreszeiten wie zum Beispiel bei uns in Europa oder in den Savannen Afrikas ziehen die oberirdischen Teile der Pflanzen ein und nur diese Speicherorgane überdauern die ungünstigen Perioden, um dann wieder neu auszutreiben. Die Blütenstiele dieser Pflanzen ragen meist hoch aus der übrigen Vegetation heraus, um Bestäuber anzulocken, während sich die Blätter zwischen der umgebenden Vegetation „verstecken" um vor der Sonne und vor Pflanzenfressern geschützt zu sein. Andere Orchideen sind der Konkurrenz um Licht und Nährstoffe ausgewichen, in dem sie als Lithophyten Felsen und Steine oder als Epiphyten die

Baumkronen als Lebensraum erobert haben. Um mit dem knappen Angebot an Nährstoffen und Wasser auszukommen, haben sie auch hier spezielle Anpassungen entwickelt, die sehr typisch für Orchideen sind. Damit die Wurzeln schnell große Mengen an Wasser aufnehmen und speichern können, sind sie von einer Schicht abgestorbener Zellen umgeben, dem so genannten Velamen, das Wasser wie ein Schwamm aufsaugen und so lange speichern kann, bis die Pflanze es über den lebendigen inneren Teil der Wurzel aufnimmt. Das Velamen ist leicht an seiner silbrigen Farbe zu erkennen, die von den mit Luft gefüllten Hohlräumen her rührt.

Der Spross

Eine andere für Orchideen typische Anpassung sind die bei vielen Orchideen zu findenden verdickten Sprossen, die als „Pseudobulben" bezeichnet werden. Sie können ganz unterschiedliche Formen und Ausprägungen haben, sind aber so nur bei Orchideen zu finden. In ihnen werden Wasser und Nährstoffe gespeichert, denn selbst in tropischen Regionen regnet es nicht jeden Tag und ein ständiger, leichter Wind sorgt im Lebensraum epiphytischer Orchideen für ein recht trockenes Klima. Daher haben viele Orchideen auch entsprechend dickfleischige, ledrige Blätter wie eine Reihe anderer sukkulenter Pflanzen auch. Diese Merkmale machen es relativ leicht, eine Orchidee auch dann zu erkennen, wenn sie gerade keine Blüten trägt.

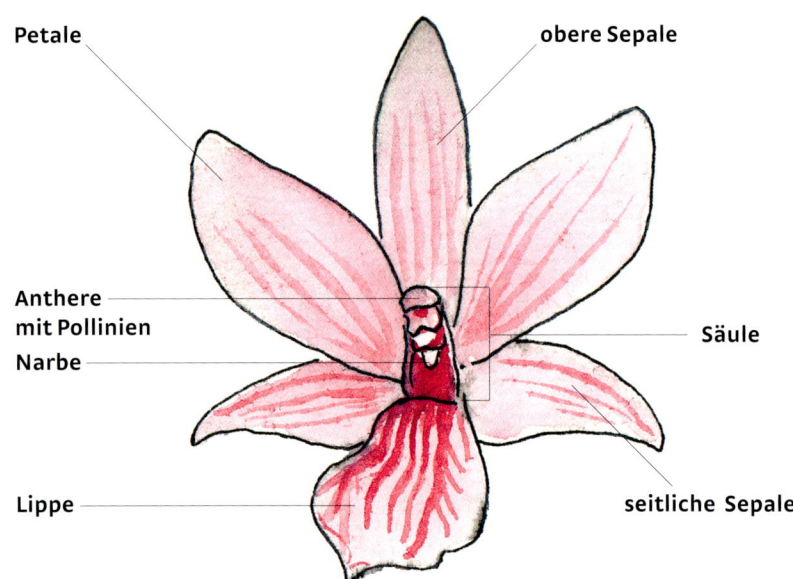

Petale
obere Sepale
Anthere mit Pollinien
Narbe
Säule
Lippe
seitliche Sepale

▲ Blütenanalyse einer Orchidee mit Sepalen, Petalen, Lippe und Säule mit Anthere und Narbe

Kennzeichen einer Orchidee

Blüte

achsensymmetrisch

3 Sepalen

2 Petalen

3. Petalum zur Lippe umgeformt

Stempel und Griffel zur Säule verwachsen

Pollen in Paketen verklebt (Pollinien)

Blätter und Triebe

meist parallelnervig

Blätter oft sukkulent

bei vielen Arten Pseudobulben

dicke, wenig verzweigte Wurzeln

◀ Bei dieser *Sophrolaeliocattleya* (SLC Mem. Leona Jones x *SL* Gratrixiae) ist der typische Aufbau einer Orchideenblüte gut zu erkennen.

Die Blüte

Was Menschen an Orchideen besonders beeindruckt und was sie als Zimmerpflanze so beliebt macht, ist natürlich die Blüte. Im Gegensatz zu vielen anderen Pflanzen, die ihren Pollen einfach durch den Wind verbreiten, sind Orchideen auf die Bestäubung durch Tiere angewiesen, die den zu Pollinien verklebten Pollen von einer Blüte auf die andere übertragen. Als Bestäuber kommen bei Orchideen vor allem Insekten und Vögel in Frage. Damit die Orchideenblüte für diese Tiere „interessant" genug ist, sind Orchideenblüten oft auffallend und kontrastreich gefärbt. Insekten werden darüber hinaus oft auch durch Duftstoffe angelockt. Manche Orchideen bieten Nektar an, andere täuschen dies nur vor. Es gibt Orchideen, die den sie bestäubenden Insekten Sexualpartner vortäuschen. Sie imitieren beispielsweise bei den in Mitteleuropa verbreiteten Orchideen aus der Gattung *Ophrys* Weibchen von Sandbienen, die von den Männchen dieser Bienen beim

Versuch, sich mit ihnen zu paaren, bestäubt werden. Andere Orchideen locken Insekten in eine Art Fallgrube, aus der der Ausweg an der Säule vorbei führt. Zu ihnen gehören die vielen Formen der Frauenschuh-Orchideen. Bei all diesen Orchideen spielt ein Blütenblatt eine besondere Rolle, das sich von den anderen 5 Blütenblättern in besonderer Weise abhebt, die so genannte „Lippe", die in der botanischen Fachsprache auch als „Labellum" bezeichnet wird. Bei den Frauenschuhen bildet die Lippe den Schuh, bei vielen anderen Orchideen ist sie die „Landeplattform" für die Insekten. Häufig finden sich auf ihr farbliche Markierungen, die auf das Blüteninnere weisen, oder verdickte Strukturen, die als „Kallus" bezeichnet werden und die dem gleichen Zweck dienen.

Eines der auffälligsten Merkmale von Orchideen, die durch Vögel bestäubt werden, ist ihre leuchtende Farbe. Da die Augen der Vögel vor allem im roten und gelben Bereich des Farbspektrums empfindlich sind, sind

auch die vogelbestäubten Orchideen über rot und orange bis leuchtend gelb gefärbt. Auch bei diesen Pflanzen gibt es solche, die Nektar als Lockmittel anbieten und solche, die mit Form und Farbe ihrer Blüten andere Blumen imitieren, die Nektar anbieten, um sicherzustellen, dass eine Bestäubung stattfindet. Da die Bildung von Pollen für die Pflanze recht aufwendig ist und Orchideen in ihrem Lebensraum mit Energie und Nährstoffen haushalten müssen, sind die Staubblätter und Griffel und Narbe zu einem besonderen Organ zusammengewachsen, das typisch für Orchideen ist: die so genannte „Säule", die botanisch als „Columna" oder als „Gymnostemium" bezeichnet wird. Der Pollen ist bei Orchideen zu Pollenpacketen verklebt, den so genannten „Pollinien" und findet sich an der Spitze der Säule. Darunter liegt die meist klebrige Narbe, auf der die Pollinien einer anderen Pflanze der gleichen Art abgelegt werden soll. Es gibt dieses Blütenorgan nur bei Orchideen.

Herkunft und Lebensräume

Calopogon tuberosus

Cypripedium reginae

Ophrys insectifera

Calypso bulbosa

Cypripedium macranthos

Vanda coerulea

Paphiopedilum insigne

Oncidium reflexum

Cattleya bowringiana

Miltoniopsis phalaenopsis

Phalaenopsis sanderiana

Mediocalcar decorum

Cymbidium devonianum

Cattleya mossiae

Phragmipedium boisserianum

Masdevallia veitchiana

Disa uniflora

Angraecum sesquipedale

Dendrobium wardianum

Pterostylis curfa

◄ Orchideen sind fast weltweit verbreitet. Sie besiedeln alle Lebensräume außer Wüsten und den Polarregionen.

Orchideen sind echte Kosmopoliten unter den Pflanzen, die an Land fast alle Regionen dieser Erde besiedelt haben, in denen pflanzliches Leben möglich ist. Man findet Orchideen in den Tundren Russlands, Kanadas und Alaskas ebenso wie in den Steppen Afrikas, Südamerikas oder im Busch Australiens. Orchideen gedeihen in den Mangrovensümpfen Asiens und der Karibik auf Meereshöhe bis hinauf in die Hochgebirgsregionen der Anden oder des Himalaya-Gebirges. Man findet sie im feucht-heißen Tiefland Amazoniens oder

der Philippinen bis hinauf in den nasskalten Nebelwäldern Kolumbiens oder Papua-Neuguineas. Da sie auf Insekten oder Vögel als Bestäuber angewiesen sind, können sie natürlich nur solche Lebensräume erobern, in denen diese Tiere vorkommen. Weil Insekten Pioniere des Tierreiches sind, die sich in viele neue Lebensräume ausgebreitet haben, stellt diese Abhängigkeit keine Einschränkung für die Orchideen dar. Da die Orchideen aus dem Wettbewerb mit anderen Pflanzen heraus neue Lebensräume erschlossen und eigene Lebensweisen

entwickelt haben, ist in dieser Pflanzenfamilie eine große Vielfalt bei den Wuchsformen und bei den Blüten entstanden. Diese besondere Anpassungsfähigkeit zeigt sich auch heute noch, und die Entwicklung von neuen Arten findet besonders stark in Lebensräumen statt, die sich beispielsweise aufgrund geologischer Vorgänge verändern. So findet man eine sehr große Artenzahl bei Orchideen beispielsweise in Papua-Neuguinea. Diese Insel hebt sich auch heute noch um mehrere Zentimeter pro Jahr aus dem Meer und hier entstehen auf engstem

Raum viele neue Lebensräume, die von den Orchideen neu besiedelt werden. Ein ähnliches Beispiel stellen die Anden-Regionen im nördlichen Südamerika dar, wo sich durch Vulkanismus die Umwelt ständig verändert. Orchideen können wegen ihrer großen evolutionären Flexibilität hier besonders gut Fuß fassen. Aber auch in Regionen, in denen die Verhältnisse relativ stabil sind, haben Orchideen ihren Platz durch die Anpassung an die jeweiligen Gegebenheiten und durch eine hochgradige Spezialisierung behaupten können. Diese große ökologische Spannweite und die Anpassungsfähigkeit macht die Orchideen aber auch als Zimmerpflanzen sehr geeignet. Gerade über mehrere Generationen nachgezogene Naturformen und Hybriden sind gut in der Lage, sich an die Gegeben-

▶ Viele tropische Orchideen wachsen an extremen Standorten wie dieses *Dendrobium* auf einem Baumast.

▼ *Laelia dayana* var. *coerulea* aus Südost-Brasilien

▼ ▶ *Ancistrochilus rothschildianum* aus West-Afrika

heiten unserer heimischen Wohnzimmer oder an die Umgebung in beheizten Kleingewächshäusern anzupassen und auch dort ihre Wüchsigkeit unter Beweis zu stellen und ihre ganze Blütenfülle zu entfalten. Das beste Beispiel hierfür ist die *Phalaenop-*

sis, deren Naturformen in Südostasien, vor allem in Indonesien und auf den Philippinen im feucht-heißen Urwald vorkommen und die, durch gezielte Zucht und Selektion, heute eine der pflegeleichtesten und beliebtesten Zimmerpflanzen geworden ist.

Aussehen und Wuchsformen

Die Anpassung an die jeweiligen Lebensräume hat zu sehr unterschiedlichen Wuchsformen geführt. Gerade die epiphytische und die lithophytische Lebensweise im Geäst der Bäume oder auf kargen Felsen machen spezielle Anpassungen notwendig. Selbst in tropischen Regionen mit viel Regen müssen sich solche Pflanzen darauf einrichten, möglichst viel vom schnell abfließenden Wasser aufzunehmen, um nicht zu vertrocknen. Außerdem sind in diesen Lebensräumen die Nährstoffe äußerst knapp. Wenn der Feuchtigkeit und Nährsalze spendende Boden nicht erreichbar ist, müssen die wenigen Ressourcen schnell aufgenommen, lange gespeichert und sparsam verwendet werden. Vor diesem Hintergrund sind die speziellen Wuchsformen zu sehen, die Orchideen als Überlebensstrategie entwickelt haben. Dies gilt ebenso für die Erdorchideen, die oftmals

▲ *Lycaste skinneri*

▼ *Macodes*, **eine der wenigen Orchideen mit netznervigen Blättern**

Lebensräume besiedeln, die für andere Pflanzengruppen zu karg sind. Sie haben meist unterirdische Speicherorgane wie fleischige Wurzeln, verdickte Rhizome oder Wurzelknollen, um Nährstoffe für den Neuaustrieb nach dem Winter oder nach der Trockenzeit zu speichern. Daraus wächst meist ein mehr oder weniger hoch aufschießender Spross mit Blättern, die zwischen der umgebenden Vegetation vor einem Überangebot an Licht oder vor Pflanzen fressenden Tieren geschützt sind. Der Blütenstand hebt die Blüten über die umgebenden Pflanzen hinaus, damit sie leicht von Insekten erreicht werden können. Alle unsere heimischen Orchideen folgen diesem Wuchsschema ebenso wie die australischen Sonnenorchideen oder die Erdorchideen der afrikanischen Savannen.

Monopodiale Wuchsform

Vor allem unter den epiphytisch und lithophytisch wachsenden Orchideen gibt es im Wesentlichen zwei Wuchsformen. Monopodiale („mono" = eins, „podium" = Fuß) Orchideen haben einen manchmal fälschlicherweise als „Stamm" bezeichneten Spross, der am unteren Ende Wurzeln hat und nach oben hin immer weiter wächst. Jeweils abwechselnd rechts und links besitzt er mehr oder weniger ledrige Blätter. Aus den Blattachseln entspringen Blütenstände oder zusätzliche Wurzeln, die ihn am Stamm der Wirtspflanze verankern. Typische Beispiele für diese Wuchsform findet man bei den Gattungen *Angraecum*, *Vanda* und *Ascocentrum*. Man findet Pflanzen dieses Typs häufig an senkrechten Baumstämmen oder aufrecht wachsenden Ästen. Sie wachsen so dem Licht entgegen und „klettern" am Wirtsbaum empor. Auch die *Phalaenopsis* besitzt diese Wuchsform, wobei diese aber, weil sie in Astgabeln oder auf waagerecht wachsenden Ästen lebt, eher gedrungen bleibt und nicht so sehr aufrecht strebt.

Sympodialer Wuchs mit Pseudobulben

Bei einer anderen Gruppe von Orchideen bildet der Spross als Speicherorgan eine mehr oder weniger starke Verdickung aus. Man nennt dieses eigentümliche Speicherorgan „Pseudobulbe" oder verkürzt „Bulbe". Die „echten" Blätter stehen an der Spitze dieser Pseudobulben, die oft von Hüllblättern umgeben sind, die meist genau so aussehen. Die Blütenstände können je nach Gattung sowohl aus der Spitze der Bulben als auch an ihrer Basis entspringen. Bei dieser Wuchsform kann die Pflanze nicht

einfach nach oben weiter wachsen wie bei den monopodialen Orchideen. Aus der Basis der Bulben entspringt am Beginn eines Wachstumszyklus ein Neutrieb (oder mehrere Neutriebe). Dieser wird zunächst von der Altbulbe ernährt, bis er selbst genügend Wurzeln gebildet hat. Das Besondere an dieser als „sympodial" bezeichneten Wuchsform ist, dass sich hierbei Nährstoffspeicher an Nährstoffspeicher reiht und die Pflanzen so besonders gut an Lebensräume angepasst sind, die trocken und nährstoffarm sind. Man findet sie besonders oft bei Epiphyten und Lithophyten.

Sympodialer Wuchs ohne Pseudobulben

Nicht alle sympodial wachsenden Orchideen besitzen Pseudobulben. Einige wachsen am Boden oder in Humusnestern auf Felsen und sind somit nicht unbedingt auf solche Nährstoff- und Wasserspeicher angewiesen. Zu diesen Pflanzen gehören zum Beispiel die tropischen Frauenschuhe aus den Gattungen *Paphiopedilum* und *Phragmipedium*. Sie wachsen als Erdorchideen am Boden oder auf Steinen, wo sich in Spalten oder Höhlungen Humus angesammelt hat. Statt Pseudobulben besitzen sie Fächer aus wechselständig angeordneten Blättern. Der Blütenstand entspringt aus der Mitte des Blattfächers. Für diese Pflanzen ist es wichtig, sich am Boden weit auszubreiten und eine möglichst große Fläche zu besiedeln. Daher stehen die einzelnen Blattfächer manchmal recht weit auseinander. Der Spross des Neutriebs wächst also zunächst ein ganzes Stück waagerecht, bevor er sich aufrichtet und den typischen Blattfächer bildet. Diese Eigenart findet man bei vielen Arten der Gattung

Phragmipedium und bei den südchinesischen und vietnamesischen *Paphiopedilum*-Arten.

▲ ▲ ▲ *Oncidium jonesianum* mit hängenden Pseudobulben und Blättern

▲ ▲ Monopodialer Wuchs bei einer *Vanda*

▲ Sympodialer Wuchs bei einer *Laelia*

Die Orchideenblüte

▲ *Laeliocattleya* **Tokyo Magic**

Orchideen gehören zu den einkeimblättrigen Pflanzen. Im Gegensatz zu den zweikeimblättrigen Pflanzen, die entweder vier oder fünf Blütenblätter besitzen, haben die Einkeimblättrigen zwei Kreise zu jeweils drei, also insgesamt sechs Blütenblätter. Man findet so gestaltete Blüten bei den Lilien oder den Tulpen. Was die Orchideenblüte von den anderen Einkeimblättrigen unterscheidet sind im Wesentlichen zwei Merkmale. Die zur Säule zusammengewachsenen Staubblätter und Narbe wurden bereits erwähnt. Das andere Merkmal ist die Spiegelsymmetrie der Orchideenblüte. Bei den Lilien sind alle Blütenblätter fast gleich und die Blüte ist, von oben betrachtet, mehr oder weniger sternförmig. Bei den meisten Orchideen sind die äußeren als „Sepalen" bezeichneten Blütenblätter oft gleich, die inneren Blütenblätter, die man „Petalen" nennt, aber nicht. Die seitlichen Petalen sind bei den meisten Orchideen breiter und größer als die Sepalen. Sie haben Signalfunktion und sollen den Bestäuber schon aus der Entfernung auf die Blüte aufmerksam machen.

Die Lippe

Eine Petale ist meist anders geformt und bildet die Lippe (lateinisch „Labellum"). Sie steht der Säule gegenüber und spielt bei der Bestäubung eine wichtige Rolle. Oft bildet sie den Landeplatz für die Insekten und sorgt durch ihre Form dafür, dass der Bestäuber auch wirklich an die Säule herangeleitet wird. Bei Cattleyen und Dendrobien

◄ *Paphiopedilum lowii*

Orchideen – Pflanzen der Rekorde

▶ Die kleinste Orchideenblüte (von *Platy-stele jongermannii*) misst gerade einmal 2 mm im Durchmesser.

▶ Die größten Blüten besitzt *Paphiopedilum sanderianum*. Die Petalen werden über 80 cm lang.

▶ Eine Orchideenkapsel produziert mehrere Millionen staubfeiner Samen.

umschließt sie häufig die Säule und bildet eine Art Trichter, der die Bestäubung sicher stellt.

Bei Frauenschuh-Orchideen ist der Blütenaufbau etwas anders als bei den meisten anderen Orchideen. Die obere Sepale bildet häufig eine Art Dach über der Blüte, das verhindert, dass Wasser in den Schuh läuft. Die beiden seitlichen Sepalen sind zu einem „Synsepalum" zusammengewachsen. Die seitlichen Petalen sind meist eher schmal und länglich. Das Besondere an dieser Blüte

ist aber die bauchig ausgebildete Lippe, die den Schuh formt. Es handelt sich dabei um eine Art Fallgrube, um Insekten, die von der glänzenden, schildartigen Spitze der Säule, dem so genannten „Staminodium", und manchmal auch vom Blütenduft angelockt werden und sich auf dem eingeschlagenen Rand der Lippe niederlassen. Da dieser meist sehr glatt ist, fallen sie in den Schuh hinein. Der einzige Ausweg, der häufig durch transparente Fenster an der Rückseite des Schuhs markiert wird, führt zuerst zur Narbe, wo bereits anhaftende Pollinien abgelegt werden, und dann vorbei an den Pollinien, die dem Insekt beim Vorbeikriechen angeheftet werden.

Die Samenkapsel

Bei allen Orchideen sitzt der Fruchtknoten unterhalb der Blüte. In ihm liegen die Samenanlagen verborgen. Nach der Bestäubung bildet sich in der Säule ein Pollenschlauch, durch den der Pollen zu diesen

Samenanlagen herunter „wächst". Hier findet die eigentliche Befruchtung statt, bei der sich das Erbgut der beiden Elternpflanzen vermischt. Anschließend reifen hier die Orchideensamen heran. Nach der Bestäubung verwelkt die Blüte meist recht rasch und der Fruchtknoten schwillt im Laufe der Zeit stark an. Bei einigen *Phalaenopsis*-Arten werden die Blütenblätter allerdings nicht welk, sondern verdicken sich und bekommen durch Chlorophyll eine grüne Farbe. Sie übernehmen dabei die gleiche Aufgabe wie Blätter und unterstützen das Wachstum der Samenkapsel. Wenn die Samen reif sind, platzt die Samenkapsel auf und die staubfeinen Samen werden durch den Wind über eine sehr große Fläche verbreitet. Eine Samenkapsel kann mehrere Millionen Samen enthalten. Diese große Zahl ist nötig, weil Orchideen zur Keimung sehr spezielle Bedingungen brauchen, deren Zusammentreffen stark vom Zufall abhängig ist.

▲ *Gongora* spec.

▲ *Phalaenopsis*

▲ *Brassia* Edvah Loo

Wasser und Luft – Lebenselixier der Orchideen

Der Unterschied zwischen Tieren und Pflanzen besteht darin, dass nur die Pflanzen in der Lage sind, aus Wasser (H_2O), dem Kohlendioxid (CO_2) aus der Luft und Licht Stoffe wie Zucker und Stärke zu bilden. Diesen Vorgang, bei dem Sauerstoff frei gesetzt wird, nennt man „Photosynthese". Er ist einer der wichtigsten Vorgänge im Kreislauf des Lebens. Es ist nur natürlich, dass Wasser, Luft und Licht deshalb in der Kultur von Pflanzen allgemein und ganz speziell auch von Orchideen eine wichtige Rolle spielen, zumal diese wegen ihrer besonderen Lebensweise mit Nährstoffen sehr sparsam umgehen müssen.

Wasser und Luft

Bei vielen Orchideen-Arten spielt die Wasserqualität eine ganz entscheidende Rolle. In der Natur bekommen epiphytisch wachsende Pflanzen fast ausschließlich Regenwasser, das beim Herablaufen an Blättern und Zweigen nur sehr wenige Nährstoffe aufnehmen kann. An diesen Umstand haben sich die Wurzeln der Orchideen angepasst. Das Velamen ist in der Lage, Wasser schnell aufzusaugen und langsam an den lebendigen Teil im Inneren der Wurzeln abzugeben. Wichtig ist dabei auch der Gehalt an im Wasser gelösten Salzen. Ist er zu hoch oder schwankt er zu stark, hat die Pflanze Schwierigkeiten bei der Wasseraufnahme. Vor allem die grüne Wurzelspitze,

▲ *Angraecum eburneum* von Madagaskar

wo sich in der Wachstumszone das empfindliche Teilungsgewebe befindet, ist sehr anfällig für Schwankungen.

Als Epiphyten hoch oben in den Baumkronen sind Orchideen immer von viel frischer und bewegter Luft umgeben. Einerseits schützt ein beständiger leichter Wind die Pflanzen vor Überhitzung durch die hohe Lichtmenge, der die Pflanzen ausgesetzt sind und hilft beim notwendigen Gasaustausch über die Blätter, andererseits besteht aber immer auch die große Gefahr

der Austrocknung. Um damit fertig zu werden, haben Orchideen spezielle Strategien entwickelt wie viele andere Epiphyten auch. Auf diese Schutzmechanismen wie beispielsweise die zeitliche Trennung von Gasaustausch und Photosynthese wird an anderer Stelle dieses Buches noch einmal eingegangen.

Licht

Der dritte wichtige Faktor für Orchideen ist das Licht. Die Bedürfnisse der einzelnen Gattungen (und manchmal auch innerhalb der Gattungen) sind sehr unterschiedlich. Es gibt zum Beispiel *Oncidium*-Arten, die der vollen Wüstensonne ausgesetzt sind und zum Schutz vor diesem Überangebot an Licht dickfleischige, bleistiftförmige Blätter entwickelt haben. Man bezeichnet eine solche Blattform auch als „terete" Blätter. Andere Pflanzen, die zwar durch die Blätter des Wirtsbaums beschattet werden, aber immer noch sehr viel Licht erhalten, haben eine lederartige Blattoberfläche, die durch einen wachsartigen Überzug vor Verdunstung geschützt sind. Dies findet man beispielsweise bei *Cattleya*- und *Phalaenopsis*-Arten. Orchideen, die einer weniger starken Sonneneinstrahlung ausgesetzt sind, haben meist großflächige, weiche Blätter, deren Oberfläche häufig noch dadurch vergrößert wird, dass die Blätter entlang der Blattrippen zickzackartig gefaltet sind. Bei schattig wachsenden Gattungen wie zum Beispiel *Lycaste* ist diese Blattform typisch. Eine Sonderstellung nehmen Orchideen ein, die nur noch Wurzeln, aber keine Blätter mehr bilden. Man findet diese Eigenart bei Gattungen wie den in Südostasien vorkommenden *Chilochista* und den afrikanischen *Microcoelia*. Bei diesen an den Enden der Zweigen wachsenden Pflanzen übernehmen die durch das Velamen geschützten Wurzeln die Photosynthese, denn Blätter würden unter dem Licht der tropischen Mittagssonne rasch verbrennen oder austrocknen. Eine

Orchideengruppe, die als nicht kultivierbar gilt, sind die saprophytisch wachsenden Orchideen wie die bei uns heimische *Corallorhiza* oder die australische *Rhizantella*. Diese Pflanzen besitzen kein Blattgrün und können daher auch keine Photosynthese leisten. Sie leben in enger Symbiose mit Pilzen, die für sie durch Zersetzung von organischem Material die Nährstoffe des häufig lichtlosen Waldbodens erschließen.

▶ *Brassavola flagellaris* **wächst epiphytisch in Südamerika.**

Leben in den Baumkronen und auf Felsen

Eines der größten Probleme, die eine epiphytische oder lithophytische Lebensweise mit sich bringt, ist der Mangel an Wasser. Es klingt paradox, dass für Pflanzen, die im tropischen Regenwald leben, die Austrocknung eine lebensbedrohende Gefahr sein soll. Der gesamte Aufbau der Orchidee ist daraufhin ausgerichtet, sich mit der bedrohlichen Trockenheit in den Baumwipfeln und auf Felsen zu arrangieren, angefangen beim Bau der Wurzel über die Wuchsform, die Ausbildung von Speicherorganen wie den Pseudobulben bis hin zur Form und zum Aufbau der Blätter. Dabei spielen Wasser, Luft und Licht eine wesentliche Rolle in der Entwicklungsgeschichte der Orchideen, denn diese Faktoren haben ihre Gestalt wesentlich geprägt. Oft reicht dies allein aber noch nicht aus, um den Orchideen ein Überleben unter diesen Bedingungen zu sichern. Um Photosynthese betreiben zu können, brauchen Pflanzen Licht, Wasser und Kohlendioxid (CO_2). Der Gasaustausch erfolgt dabei über kleine, verschließbare Spaltöffnungen vor allem an der Unterseite der Blätter. Gleichzeitig verdunstet durch diese Öffnungen aber auch viel Wasser, vor allem wenn ein leichter Wind über die Blätter streicht.

▲ *Brassavola Little Star*, epiphytisch kultiviert

▶ Ein *Oncidium* hält sich mit wenigen Wurzeln an einem glatten Palmenstamm fest.

Vergleich von normaler Photosynthese mit der von CAM-Pflanzen

	Normale Photosynthese	CAM-Pflanzen
Tag	Spaltöffnungen offen	Spaltöffnungen geschlossen
	CO_2 wird aufgenommen	CO_2 wird aus „Nachtspeicher"
	Wasser wird verdunstet	(organische Säuren) regeneriert
		kein Wasserverlust
	Photosynthese mit Wasserverlust	Photosynthese ohne Wasserverlust
Nacht	Spaltöffnungen offen	Spaltöffnungen offen
	CO_2 wird aufgenommen,	CO_2 wird aufgenommen und
	aber nicht genutzt	in Form von organischen Säuren
		„zwischengelagert"
	Wasser wird verdunstet	Wasser wird verdunstet

▲ *Laelia pumila*

Ein Trick sichert das Überleben

Dies bringt zwar einerseits etwas Kühlung für die Pflanze, ist aber bei der chronischen Wasserknappheit unter Umständen lebensbedrohend. Um diesem Dilemma begegnen zu können haben viele an Trockenheit angepasste Pflanzen einen besonderen Mechanismus entwickelt, der es ihnen ermöglicht, tagsüber Photosynthese zu betreiben, ohne über die Spaltöffnungen zu viel Wasser zu verdunsten. Sie halten sozusagen tagsüber „die Luft an", und öffnen in der kühlen Nacht die Spaltöffnungen, um CO_2 aufzunehmen und Sauerstoff abzugeben. Das CO_2 wird dabei an spezielle organische Komponenten gebunden und „zwischengelagert". Tagsüber hat die Pflanze dann einen Vorrat an CO_2 und kann mit dem Licht der Sonne die lebensnotwendige Photosynthese betreiben, ohne sich der Gefahr der Austrocknung auszusetzen. Neben den Anpassungen der Wuchsform (Morphologie und Anatomie) gibt es also auch Anpassungen des Stoffwechsels (Physiologie) der Orchideen. Die zeitliche Trennung von Gasaustausch und Photosynthese ist vor allem bei sukkulenten Pflanzen wie Kakteen, aber auch bei epiphytischen Pflanzen wie Bromelien und eben auch bei Orchideen weit verbreitet. Weil man diese Anpassung des Stoffwechsels häufig bei Dickblattgewächsen *(Crassulaceae)* findet, nennt man solche Pflanzen häufig auch „CAM (Crassulacean Acid Metabolism)-Pflanzen". Bei den Orchideen findet man diese besondere Form des Stoffwechsels oft bei Arten, die entweder besonders viel Licht bekommen oder die an sehr luftigen Standorten wie an Berghängen oder auf Bergkuppen leben. Typische Gattungen sind *Cattleya*, *Dendrobium*, und *Cymbidium*, aber auch beispielsweise manche *Phalaenopsis*-Arten.

Eine andere physiologische Anpassung ist bei vielen Arten der Gattungen *Dendrobium* oder *Catasetum* das Abwerfen der Blätter während der Trockenzeit. Diese Pflanzen wachsen häufig an exponierter Stelle in Regionen mit sehr ausgeprägten Jahreszeiten. Oft verlieren auch die Wirtsbäume dann ihre Blätter und können den Orchideen in der heißen Trockenzeit keinen Schatten mehr spenden. Um in dieser bis zur Regenzeit andauernden Periode nicht auszutrocknen, werfen die Orchideen ihr Laub ab und verfallen in eine Art von Trockenschlaf, aus dem sie wieder erwachen, wenn die Regenzeit beginnt. Dann wächst mit Hilfe der in den Bulben gespeicherten Reserven rasch ein neuer Trieb heran, der wiederum Reserven für die nächste Trockenperiode ansammelt. Ähnlich verfahren auch unsere heimischen Orchideen, die im Sommer Nährstoffe in den Wurzelknollen speichern, im Winter einziehen und im Frühjahr wieder neu austreiben.

Orchideen als Überlebenskünstler

Eine Eigenheit bei Orchideen ist, dass sie besonders oft in Lebensräumen zu finden sind, die sich in einer Übergangsphase befinden. Die Zahl der Arten ist immer dann besonders groß, wenn sich der Lebensraum gerade im Wandel befindet und die Orchideen die sich neu bildenden ökologischen Nischen besetzen können. Es ist kein Zufall dass beispielsweise Papua-Neuguinea, eine Insel nördlich von Australien, die durch die Kontinentalverschiebung immer noch jedes Jahr um mehrere Zentimeter aus dem Meer gehoben wird, besonders reich an Orchideen-Arten ist. Vor allem die Gattung *Dendrobium* hat hier eine fast unüberschaubare Vielfalt an unterschiedlichen Formen gebildet. Sie besiedeln die äußersten Spitzen der Zweige ebenso wie die waagerechten Äste oder die senkrechten Baumstämme. Sie wachsen an den fasrigen Stämmen der Baumfarne, an den durch Erdrutschen entstandenen Steilhängen aus Lehmboden oder im sumpfigen Grasland im Hochmoor und den trockenen savannenartigen Gebieten.

Der Lebensraum bestimmt die Artenvielfalt

In Regionen dagegen, die über lange Zeiträume stabil geblieben sind, ist die Zahl der Orchideenarten dagegen meist eher niedrig. So ist die Bandbreite der Orchideen in den Millionen Jahre alten Urwäldern Afrikas und Amazoniens erstaunlich niedrig, während die Gebirgsregionen Mittelamerikas, deren sich ständig wandelndes Gesicht durch Vulkanismus geprägt ist, überreich an Orchideen. Auch die erdgeschichtlich jungen Hänge des Himalaya-Gebirges beherbergen eine große Zahl an Orchideen, während der indische Subkontinent, der durch seine Wanderung nach Norden für die Auffaltung dieses Gebirges verantwortlich ist, im Vergleich dazu relativ arm an Orchideen ist.

Dabei dürfte hier der Ursprung der meisten asiatischen Orchideen liegen, deren Vorfahren vor etwa 90 Millionen Jahren sich auf dem Urkontinent Gondwanaland entwickelt haben. Dieser Kontinent bestand damals aus der heutigen Antarktis, Südamerika, Afrika, Indien und Australien. Als Gondwanaland im Zuge der Kontinentaldrift auseinander brach, wanderten die Urahnen der Orchideen auf den unterschiedlichen Kontinentalplatten auseinan-

der. Als Indien auf die Eurasische Platte stieß, faltete sich das Himalaya-Gebirge auf und die Orchideen besetzten viele der sich neu bildenden Lebensräume. Durch die Wanderung von Australien Richtung Norden entstanden die Inselgruppen der Philippinen, Indonesiens und Malaysias und in den letzten 15 Millionen Jahren auch Papua-Neuguinea. Wieder breiteten die Orchideen sich in diesen neuen Lebensräumen aus und bildeten die heutige Vielfalt. Ähnliches geschah auch auf dem südamerikanischen Kontinent, wo sich im Zuge der geologischen Vorgänge in der Erdkruste die Anden auffalteten und beim Aufeinanderstoßen von Nord- und Südamerika in der mittelamerikanischen Region die Artenzahl geradezu explodierte. Eines der artenreichsten Länder ist beispielsweise Costa Rica, wo Orchideen von Meereshöhe bis in die Gebirgsregionen die verschiedensten ökologischen Nischen besetzt halten.
Dieser erdgeschichtliche Rückblick erklärt, warum es auf allen Kontinenten südlich des Äquators miteinander verwandte Orchideengruppen gibt. So gehören die in Mittel- und Südamerika beheimateten *Cattleyen* und *Laelien* in die gleiche Unterfamilie wie die asiatischen *Dendrobien*, nämlich die Familie der *Epidendreae* (doch dazu später mehr). Interessant ist dabei die Tatsache, dass die Orchideen im Gegensatz zu vielen bisherigen Meinungen wahrscheinlich doch eine sehr alte Pflanzenfamilie sind. Man

glaubte bislang häufig, dass sich Epiphyten natürlich erst dann entwickeln können, wenn die Wirtspflanzen schon da sind und deshalb als Pflanzengruppe nicht besonders alt sein können. Die Geobotanik, die sich mit der Verbreitung der Pflanzen auf den Kontinenten beschäftigt, und die Genetik, die Verwandtschaftsverhältnisse mit Hilfe des Erbguts untersucht, sprechen aber eine deutlich andere Sprache. Es ist einfach die große Flexibilität, die es den Orchideen ermöglicht, immer wieder aufs Neue eine große Vielfalt an Formen und Anpassungen an neue Lebensräume zu entwickeln und sie so zu den echten Überlebenskünstlern macht, die sie auch heute noch sind.

▶ **Ein Überlebenskünstler am Extremstandort:** *Encyclia fragrans*

◀ *Cattleya intermedia* (hier die Varietät *aquinii* mit lippenähnlichen Petalen) kommt im Süden Brasiliens sogar auf Sanddünen vor.

▶ *Laelia harpophylla* wächst in der Natur auf Felsen und Baumästen.

Orchideen und Naturschutz

◄ Heute werden Orchideen in großen Mengen künstlich vermehrt. Wildgesammelte Exemplare kommen kaum noch in den Handel.

Das hohe Maß an Anpassung an den Lebensraum und die Abhängigkeit von Insekten oder Vögeln als Bestäuber haben einen großen Nachteil: Orchideen sind ständig bedroht. Sie konnten sich zwar in einem breiten Spektrum von Ökosystemen behaupten, allerdings geschahen diese Anpassungsvorgänge relativ langsam. In der heutigen Zeit, in der der Mensch in fast alle Bereiche der Natur eingreift, verändert sich die Umwelt so schnell, dass hochgradige Spezialisten wie Orchideen oftmals keine Möglichkeit mehr haben, sich auf diese Veränderungen einzustellen. Da die Fortpflanzung epiphytischer und lithophytischer Orchideen relativ langsam erfolgt, können sie auf eine sich rasch verändernde Umwelt nicht schnell genug reagieren. Ein anderes Problem ist die meist relativ niedrige Zahl der Orchideen einer Art in einem Lebensraum. Viele Orchideen „betrügen" ihren Bestäuber, in dem sie Nektar liefernde Pflanzen oder Sexualpartner imitieren. Das funktioniert natürlich nur dann, wenn die Zahl der „Betrüger" nicht zu groß wird, weil die „Betrogenen" sonst auf den Schwindel nicht mehr hereinfallen. Leider ist es auch oft so, dass Standorte beim Entdecken einer neuen, interessanten Orchideen-Art von skrupellosen Geschäftemachern leer geräumt werden, weil sich mit seltenen Pflanzen ein guter Profit machen lässt. Dies war gerade in der Vergangenheit sehr häufig so.

Natur- und Artenschutz

Im 19. und frühen 20. Jahrhundert wurden zehntausende von Orchideen aus der Natur entnommen, ohne dass man über die Folgen nachdachte. Da Orchideen in der Natur aus besagten Gründen nie sehr häufig sind, hat dies zum endgültigen Verschwinden vieler Arten geführt. In den 50er Jahren des 20. Jahrhunderts begann man, sich Gedanken über die schwindenden natürlichen Ressourcen zu manchen und gründete die IUPN (International Union for the Protection of Nature, Der Internationale Bund für den Schutz der Natur), aus der 1956 die IUCN (International Union for Conservation of Nature and Natural Resources) wurde. Diese Institution entwickelte unter anderem Richtlinien für den Handel mit bedrohten Tieren und Pflanzen, die so genannte CITES (= Convention on International Trade of Endangered Species). 1975 trat diese Konvention in Kraft, die häufig nach dem Ort der Unterzeichnung als „Washingtoner Artenschutzabkommen" bezeichnet wird. Sie regelt, streng genommen, nur den Handel mit den in beiden Anhängen aufgeführten Gattungen und Arten. Pflanzen aus nachweislich künstlicher Vermehrung unterliegen grundsätzlich nicht diesen Beschränkungen. Problematisch ist dabei allerdings, dass zwar der Handel reguliert wird, die Zerstörung der Lebensräume aber dennoch fortschreitet und so Pflanzen verschwinden, eben weil sie nicht ausgeführt werden dürfen. Man kann den Menschen vor Ort sicher nicht verübeln, dass sie zur Ernährung ihrer Familien Urwald roden, um Ackerflächen zu gewinnen, da aber der Export zum Beispiel der Orchideen aus Anhang 1 nach CITES verboten ist, gibt es kaum Möglichkeiten, die Pflanzen zu retten.

So laufen auch neu entdeckte Arten wie *Paphiopedilum vietnamense* oder *Phragmipedium kovachii* durch eine falsche Anwendung der CITES Gefahr auszusterben, bevor sie durch künstliche Vermehrung erhalten werden können.

▼ *Phragmipedium besseae* gehört wie alle Frauenschuh-Orchideen *(Phragmipedium, Paphiopedilum, Cypripedium)* zu den besonders geschützten Arten.

Besonders geschützte Orchideenarten
Aerangis ellisii
Cattleya trianaei
Dendrobium cruentum
Laelia jongheana
Laelia lobata
Paphiopedilum spp.
Peristeria elata
Phragmipedium spp.
Renanthera imschootiana
Vanda coerulea

Orchideenkultur

Orchideen im Haus

Orchideen sind auch heute noch vom Flair der Exotik und der
Exklusivität umgeben. Viele Menschen glauben, dass sie nur in der
geschützten Umgebung eines aufwendig ausgestatteten Gewächshauses gedeihen können. Für einige wenige Orchideen, die dem
erfahrenen Spezialisten vorbehalten bleiben sollten, stimmt
dies auch, aber ein sehr großer Teil der Orchideen lässt sich auch
auf der Fensterbank oder im Wintergarten erfolgreich pflegen.

▲ *Paphiopedilum*-
Hybride

◄ *Phalaenopsis* Ever-
spring Light, eine der
vielen *Phalaenopsis*-
Sorten, die für die Zim-
merkultur gezüchtet
wurden.

Die große Vielfalt bei den Orchideen macht es leicht, für jede Wohnung die passenden Pflanzen zu finden. Die entscheidenden Dinge, die man beachten sollte, sind Licht, Wärme und Luftfeuchtigkeit. Während sich Wärme und Luftfeuchtigkeit relativ leicht beeinflussen lassen, wird das Licht von der baulichen Situation vorgegeben. Es gibt zwar eine grobe Faustregel, die besagt: Ost- oder Westfenster sind am Besten geeignet! Aber entscheidend ist doch die tatsächliche Lichtmenge. So kann man an einem hellen Nordfenster wunderbar Frauenschuhe und *Phalaenopsis* pflegen, auch wenn es im Winter eigentlich etwas zu dunkel ist. Wenn ein Baum oder ein Balkon das Südfenster vor der Mittagssonne schützen, kann es sehr gut für die Pflege von Cattleyen, Vandeen oder anderen lichthungrigen Orchideen geeignet sein. Mit relativ wenig Aufwand kann man zu dunkle Fenster mit einer Pflanzenlampe beleuchten und zu helle Fenster mit einer Fenstergardine schattieren.

▲ Kreuzungen aus der Cattlyen-Verwandschaft wie *Laelio-cattleya* Whitespark 'Panda' lassen sich gut auf der Fensterbank pflegen.

◄ Wasserschalen unter den Töpfen erhöhen die Luftfeuchtigkeit und sorgen für ein optimales Kleinklima. Die Orchideen danken es mit üppiger Blüte.

Die Orchideen-Vitrine

Speziell für den Liebhaber von Miniatur-Orchideen, die ein sehr reichhaltiges Spektrum an Formen und Farben bieten, gibt es die Möglichkeit, sich von den im Wohnraum herrschenden Bedingungen unabhängig zu machen. Mehr oder weniger große Vitrinen mit eigener Beleuchtung, Heizung und Belüftung schaffen ein eigenes Kleinklima, das man auf die Bedürfnisse der Pflanzen abstimmen kann. Die wichtigen Faktoren sind auch hier Licht, Temperatur, Luftfeuchtigkeit und Luftbewegung bzw. Luftaustausch.

Für das richtige Licht kann man durch eine geeignete Kombination von Neonröhren oder durch Quecksilberdampflampen sorgen. Aquarien- und Terrarientechnik bieten hier ein gutes Angebot. Wichtig ist, dass dabei nicht zu viel Wärme in die Vitrine gelangt.

Die richtige Temperatur stellt sich für den temperierten Bereich meist von allein ein. Am schwierigsten ist eine evtl. notwendige Kühlung für Orchideen des kühlen Bereichs, die sich mit etwas handwerklichem Ge-

▲ Orchideen aus dem temperierten oder kalten Temperaturbereich fühlen sich im Sommer im Freien wohler als in einem Gewächshaus. Wichtig ist eine Schattierung um Verbrennungen zu verhindern.

schick aus dem Kühlelement einer elektrischen Kühltasche bauen lässt. Für ausreichende Luftfeuchtigkeit lässt sich durch einen kleinen Springbrunnen oder durch die heute leicht erhältlichen Ultraschall-Nebler erreichen.

Die wichtigsten Punkte bei der Vitrinenkultur sind Luftbewegung und Luftaustausch. Kleine Niedervolt-Ventilatoren, wie sie in Computern als Lüfter eingesetzt werden, können hier gute Dienste leisten. Mindestens ein solcher Lüfter sollte als Zwangsentlüftung ständig Luft aus der Vitrine heraussaugen, damit immer genügend Frischluft in die Vitrine gelangt. Möglichst große Terrarien mit Glas-Schiebetüren sind besser geeignet als ausgediente Aquarien, weil sie leichter zugänglich sind. Je nach persönlichem Geschmack (und der Zeit, die man für den Pflegeaufwand aufbringen möchte)

kann man hier einen naturnahen, aber pflegeintensiven Miniatur-Urwald oder ein „Gewächshaus im Kleinen" mit Stellagen für kleine Töpfe und Hängevorrichtungen für aufgebundene Pflanzen gestalten.

Das Blumenfenster

Nachdem die ersten Orchideen durch ihre lange Blütezeit viel Freude gemacht hat, kommen schnell eine zweite, dritte und vierte Orchidee hinzu. Die Freude an der Vielfalt lässt relativ schnell eine immer weiter wachsende Sammlung entstehen. Bald reicht der Platz nicht mehr aus. Der erste Schritt ist eine Verbreiterung der Fensterbank. Dies kann beispielsweise durch ein auf Rollen gestelltes Regal geschehen, das eventuell auf eine passende Höhe gekürzt wird. Es kann im unteren Teil viele nützliche Dinge wie Gießkanne, Utensilien und Orchideenbücher aufnehmen und zum Gießen der Pflanzen direkt am Fenster zur Seite gerollt werden. Dennoch behindert es die meist unter dem Fenster angebrachte Heizung nicht, wenn man keine Rückwand einbaut. Große handelsübliche Fensterbankschalen, die mit einem Kunststoffgitter versehen sind, sorgen dafür, dass ablaufendes Gießwasser durch Verdunstung für eine genügende Luftfeuchtigkeit sorgt. Diese Schalen sind schneller und leichter zu säubern als mit Blähton gefüllte Schalen, die zudem auch Schädlingen wie Asseln und Schnecken Unterschlupf bieten können. Ein in einem großem Topf einbetonierter Ast bietet Platz zum Aufhängen von aufgebunden Orchideen. Auch an der Leibung des Fensters lässt sich mit geringem Aufwand eine Halterung für aufgebundene Pflanzen anbringen, wobei ein dahinter angebrachter Spritzschutz aus klarem Kunststoff die Wand vor

Spritzwasser schützt. Unter dem Fenstersturz kann eine doppelte Lichtleiste aus Neonröhren für eine Zusatzbeleuchtung installiert werden, die sich über eine Zeitschaltuhr steuern lässt. Mit zusätzlichen Niedervolt-Halogenstrahlern lassen sich einzelne Pflanzen schön akzentuieren. Unter dem Fenstersturz angebrachte Schraubhaken ermöglichen es, Ampeln und Körbchen für hängende Orchideen anzubringen. Ein so gestaltetes Fenster bietet viel Platz für Orchideen und Begleitpflanzen und macht die täglichen Pflegearbeiten schnell und einfach.

Sommerfrische im Garten

Die meisten Orchideen, die im Hause gepflegt werden können, aber auch viele, die nur für die Kultur in Gewächshäusern geeignet sind, stammen aus dem temperierten oder dem kühlen Temperaturbereich. Diese Pflanzen sind im Sommer sehr dankbar für einen Aufenthalt im Freien. Die Luftfeuchtigkeit wird von den umgebenden Pflanzen höher gehalten und eine leichte Brise kühlt die Blätter. Außerdem sorgt der etwas höhere Anteil an UV-Licht draußen

dafür, dass die Blätter widerstandsfähiger und härter und die Pflanzen kräftiger werden. Allerdings sind nicht alle Orchideen für eine Übersommerung im Freien geeignet und man sollte den Standort für den Sommer sorgfältig auswählen. Hartblättrige Orchideen wie Cattleyen, Cymbidien, Vandeen und einige Oncidien können einfach in einen Baum im Garten aufgehängt werden. Sie bekommen hier genügend Licht und Luft, sind andererseits aber nicht Schädlingen wie Schnecken und Mäusen ausgesetzt, die sich gern an den Bulben und Blättern gütlich tun wollen. Weichlaubige Orchideen dagegen brauchen gegen ein Zuviel an Regen und Wind besonderen Schutz. Diese Pflanzen wie *Odontoglossum* und ihre Mehrgattungshybriden, viele Oncidien und alle Masdevallien brauchen außer einer ausreichenden Schattierung auch ein sicheres Dach vor dem Regen. Eine offene Veranda oder eine überdachte Pergola, die mit Rankpflanzen bewachsen oder mit Schattiergewebe versehen sind, bieten genügend Schutz. Gegen Schnecken und andere Boden gebundene Schädlinge stellt man die Beine der Stellagen in mit Wasser

Für eine Sommerfrische geeignete Arten

▸ Kühl und temperiert wachsende Dendrobien
▸ Cymbidien
▸ Cattleyen, Laelien und Verwandte
▸ Oncidien
▸ *Odontoglossum* und Hybriden

Weniger oder nicht geeignete Arten

▸ Alle warm wachsenden Arten und Hybriden wie *Phalaenopsis*, *Ascocenda*, *Vanda* und Verwandte

gefüllte Eimerchen oder Becher. Die Stellagen sollten einen Gitterboden haben, damit die Luft frei zirkulieren kann. Die gute Luftbewegung macht es aber auch notwendig, dass man regelmäßig gießt. Hierzu fängt man am Besten rechtzeitig genügend Regenwasser auf, weil man jetzt sehr viel häufiger gießen muss als im Winter. Es gibt aber auch eine Reihe von Pflanzen, die man im Sommer besser nicht nach draußen bringt. Dazu gehören die Frauenschuh-Orchideen *Paphiopedilum* und *Phragmipedium* und alle *Phalaenopsis*-Arten und Hybriden.

▸ *Cymbidium insigne* blüht nach Aufenthalt im Freien besonders üppig.

▸▸ *Laelia rubescens* braucht eine Nachtabsenkung zur Blüteninduktion.

Orchideenkultur unter Glas

Orchideen im Wintergarten

In den letzten Jahren hat der Wintergarten als „Wohnzimmer im Grünen" immer weitere Verbreitung gefunden. Natürlich können auch hier Orchideen gepflegt werden. Es sind vor allem die groß werdenden Orchideen geeignet wie Cattleyen, Cymbidien, Dendrobien und andere Gattungen, die viel Licht vertragen können. Diese Orchideen besitzen meist große Blüten oder sind vielblütig, und sie wirken auch aus größerer Entfernung sehr schön.

In Wintergärten gibt es meist zwei Probleme, die für die Pflege von Orchideen Bedeutung haben: das Licht und die Temperatur. Die wenigsten Wintergärten haben eine Schattierung, und so ist vor allem im Frühjahr und im Sommer ein Überangebot an Licht da. Dem kann man durch Schatten spendende Pflanzen begegnen, unter denen die Orchideen untergebracht werden. Noch besser ist es allerdings, wenn man die Orchideen den Sommer über im Freien unterbringen kann. Deshalb sollten die Pflanzen in ihren Containern oder an einem künstlichen Epiphytenstamm möglichst mobil bleiben und nicht fest eingepflanzt oder aufgebunden werden. Das andere Problem ist die Temperatur. Sobald sich die Sonne zeigt, heizt sich die Luft im Wintergarten sehr schnell auf und es kann für die Orchideen zu warm werden. Man muss also für eine manuell oder automatisch gesteuerte Lüftung sorgen, um die Temperatur zu drosseln. Im Winter dagegen muss durch eine Heizung die Temperatur auf mindestens 10°C nachts und etwa 15°C tagsüber gehalten werden. Dafür wird man aber reichlich entschädigt, denn hier lassen sich besonders große und beeindruckende Pflanzen kultivieren, die für das Fenster nicht geeignet sind.

Das Gewächshaus

Etwa 35.000 Naturformen und über 120.000 Hybriden stellen eine unglaubliche Vielfalt dar, aus denen man seine besonderen Lieblinge herausfinden kann. Es gibt zwar sehr viele Orchideen, die man im Hause pflegen kann, im Laufe der Zeit kommt aber häufig der Wunsch nach einem Gewächshaus auf, in dem man entweder die Pflanzen unter-

▲ Viele Orchideen, vor allem diejenigen, die es lieber etwas kühler mögen, gedeihen im Gewächshaus besser als auf der Fensterbank.

bringen kann, die gerade nicht blühen, oder in dem auch Orchideen kultiviert werden können, die im Haus nicht gedeihen. Es ist typisch für fast alle Orchideenliebhaber in der ganzen Welt, dass gerade die Pflanzen besonders begehrenswert erscheinen, die man nicht so leicht bekommen kann. In den Gärten um Rio de Janeiro in Brasilien konnte man während der Welt-Orchideen-Konferenz 1996 beobachten, dass Hybriden von *Dendrobium nobile* zu den häufigsten Gartenblumen gehörten. In Japan dagegen zählen großblumige *Cattleya*-Hybriden zu den beliebtesten Orchideen. In Asien sind also südamerikanische Orchideen gefragt, während Südamerikaner offensichtlich asiatische Orchideen besonders schätzen. Wenn die „natürlichen" Bedingungen des Wohnraums für die Pflanzen nicht ausreichen, die man gern pflegen möchte, kann man sich mit einem Gewächshaus genau die passenden Rahmenbedingungen schaffen, um auch bei uns warm, temperiert oder kühl zu kultivierende Orchideen pflegen zu können. Heutzutage ist so ein Kleingewächshaus gar nicht mehr so teuer und es gibt für viele der typischen Probleme der Orchideenkultur bereits technisch ausgereifte Lösungen. Wie in allen Kulturräumen sind die entscheidenden Faktoren Licht, Temperatur, Luftbewegung und Luftzufuhr. Der Erfolg hängt auch bei der Kultur in Gewächshäusern davon ab, wie gut man es schafft, die Bedingungen für seine Orchideen optimal aufeinander abzustimmen. Dabei spielt natürlich auch die Zusammensetzung der Sammlung eine Rolle. Nur Orchideen mit ähnlichen Ansprüchen sollte man zusammen pflegen. Diese Regel gilt für alle Kulturräume, egal ob Gewächshaus, Wintergarten, Vitrine oder Fensterbank.

▲ Ständige Luftumwälzung ist unabdingbar im Gewächshaus, um Krankheiten vorzubeugen.

◄ Ein Kleingewächshaus im Garten – Traum vieler Orchideenfreunde

◀ *Aerides odoratum* gedeiht nur im Gewächshaus

Standort des Gewächshauses

Der Platz für das Gewächshaus muss sorgfältig gewählt werden. Er sollte einerseits so dicht wie möglich beim Wohnhaus liegen, um evtl. die Heizung an die Zentralheizung anzuschließen zu können und die elektrischen Leitungen kurz zu halten. Andererseits sollte es auch nicht im Schatten des Wohnhauses stehen. Wichtig ist auch, dass es frei steht, weil das Herbstlaub sonst die Dachrinnen verstopfen kann. Auf der anderen Seite kann ein Windschutz aus Büschen, der etwas Abstand vom Gewächshaus hält, vor allem im Winter helfen, Heizkosten zu sparen. Günstig ist auch eine Nord-Süd-Ausrichtung, weil dann die Breitseiten durch die Morgen- und Abendsonne viel Licht bekommen, aber die zu starke Mittagssonne nur eine geringe Einstrahlfläche hat. Auf diese Weise wird das natürliche Licht optimal ausgenutzt. Gewächshäuser haben leider die Neigung, zu klein zu werden, wenn die Sammlung wächst. Man sollte also in Betracht ziehen, dass man sein Gewächshaus irgendwann erweitern möchte und diesen Platz mit einkalkulieren.

In jedem Fall sollte man sich beim zuständigen Bauamt nach den regional unterschiedlichen Bestimmungen erkundigen.

Konstruktion und Eindeckung

Das Gewächshaus sollte ein frostfrei gegründetes Fundament von mindestens 60 cm Tiefe bekommen, das innen mit Hartschaumplatten isoliert ist. Der Boden kann aus Kies oder Beton bestehen. Für beides gibt es Vor- und Nachteile. In jedem Fall sollte man großzügige Auffangbecken für Regenwasser gleich mit einplanen. Für die Konstruktion empfehlen sich Aluminium oder Stahl. Holz ist relativ pflegeaufwendig. Die modernen Aluminiumkonstruktionen sind frei von Wärmebrücken und relativ preisgünstig in der Anschaffung und in der Pflege. Will man Orchideen aus dem kühltemperierten Bereich pflegen, sollte man überlegen, ob man das Haus teilweise als Erdhaus plant. Durch eine etwa ein Meter tiefe Absenkung bleibt das Haus im Sommer kühler und im Winter spart man etwas Heizkosten. Als Eindeckmaterial haben sich Stegdoppel- oder Stegdreifachplatten aus Kunststoff besonders gut bewährt. Dabei sollte man auf Qualität achten, da viele Werkstoffe im Laufe der Jahre vergilben oder verspröden. Qualitativ hochwertige Marken

Eigenschaften verschiedener Eindeckmaterialien

Eigenschaft	Gartenblankglas	Stegdreifachplatte MAKROLON	Stegdoppelplatte RESIST	Stegdoppelplatte ALLTOP	Isolierglas Floatglas
Stärke mm	4	16	16	16	16,5
Gewicht kg/m²	6,3	2,8	5	5	20
UV-Durchlässigkeit	nein	nein	nein	ja	nein
Lichtbeständigkeit	sehr gut	gut	sehr gut	sehr gut	sehr gut
Hagelfestigkeit	gering	sehr gut	hervorragend	sehr gut	gut
Bruchsicherheit	gering	sehr gut	sehr gut	sehr gut	gering
Tropfenresistenz	gering	gut	gut	sehr gut	gering

geben auf ihre Werkstoffe eine langjährige Garantie und der anfänglich höhere Preis zahlt sich über die Jahre hinweg aus.

Licht und Schattierung

In den Tropen ist die Tageslänge fast das ganze Jahr über gleich und die Lichtmenge immer gleichmäßig groß. In unseren Breiten dagegen sind die Tage im Winter kurz und dunkel, im Sommer dagegen lang und hell. Die Lichtmenge ist also im Winter zu gering und im Sommer zu groß. Gegen den Lichtmangel im Winter lässt sich kaum etwas tun, es sei denn man hilft mit relativ teuren Lampen nach. Im Sommer dagegen hilft eine variable Schattierung. Es gibt verschiedene Schattiergewebe, die als Material für eine Außenschattierung geeignet sind. Je nach Geldbeutel kann die Schattierung den täglich veränderlichen Lichtbedingungen angepasst werden oder den ganzen Sommer über fest installiert werden. Wenn die Dachfenster großzügig bemessen sind, kann man auch eine als „Energieschirm" bekannte Innenschattierung verwenden, die im Sommer als Schattierung genutzt wird, wobei die offenen Dachfenster ein Überhitzen verhindern, während sie im Winter Heizkosten sparen hilft.

Heizung

Die preisgünstigste Lösung, die man in jedem Fall anstreben sollte, ist der Anschluss an die Zentralheizung des Wohnhauses. Die Installationskosten sind zwar etwas höher als bei anderen Heizungen, aber die laufenden Kosten sind erheblich niedriger und die Investitionen amortisieren sich relativ rasch. Ist eine Anbindung an die Wohnhausheizung nicht möglich, steht ein großes Spektrum von anderen mög-

lichen Heizungen zur Verfügung, deren Auswahl sich nach den jeweiligen Gegebenheiten richtet. Neben der elektrischen Heizung, die aus Kostengründen und aus ökologischer Sicht nicht besonders empfehlenswert ist, bieten sich Gas und Öl als Energieträger an. Beide müssen aber bevorratet werden, sofern man nicht eine eigene Gasleitung hat. In jedem Fall ist es sehr ratsam, eine Ersatzheizung zur Hand zu haben, wenn die Hauptheizung ausfällt. (Was erfahrungsgemäß immer in der kältesten Nacht des Jahres passiert). Hier haben sich Propangasbrenner besonders bewährt, weil sie von jeder äußeren Versorgung unabhängig sind.

Lüftung

Ein ganz wesentlicher Faktor in der Orchideenkultur ist Frischluft. Vor allem im Sommer steigt die Temperatur im Gewächshaus durch die Sonneneinstrahlung trotz

der Schattierung rasch an, und dann ist eine ausreichende Lüftung sehr wichtig. In Grunde genommen geht es hierbei um zwei Dinge: die Luftumwälzung und den Luftaustausch. Die Luftumwälzung kann durch entsprechende Ventilatoren geschehen. Auch hier ist darauf zu achten, dass es sich um qualitativ hochwertige Geräte handelt, die für den Dauerbetrieb im Gewächshaus geeignet sind. Kürzlich haben zwei Bekannte des Autors ihre Sammlungen durch einen Gewächshausbrand verloren, der durch nicht geeignete Ventilatoren hervorgerufen wurde. Für eine ausreichende Lüftung sorgen automatische Fensteröffner, die durch Temperatur gesteuert werden. Diese preiswerte und verlässliche Lösung wird von vielen Gewächshausbauern für die Dachfenster kostengünstig angeboten. Eine mäßige Zwangsentlüftung kann im Winter manchmal notwendig werden, wenn die Dachfenster geschlossen bleiben.

▼ Mit einem Minima-Maxima-Thermometer lässt sich die Temperatur im Gewächshaus am besten kontrollieren.

▼ Luftpolsterfolie – egal ob von innen oder außen angebracht, sorgt im Winter für eine zusätzliche Wärme-Isolierung.

Pflanztische und Stellagen

Die Ausstattung mit Stellagen und Pflanzenbänken richtet sich natürlich nach der Größe des Gewächshauses. Der Mittelgang sollte mindestens 80 cm breit sein. Ob er gepflastert wird, aus Beton oder aus Platten besteht oder aus dem nackten Erdboden, bleibt dem persönlichen Geschmack vorbehalten. Die Tische sollten eine Höhe von etwa 80 cm und eine Tiefe von maximal 100 cm haben. Die Flächen sollten aus Drahtgitter bestehen, damit Gießwasser problemlos ablaufen und Luft von unten an

◄◄ Eine Elektropumpe sorgt für den nötigen Druck, wenn man Wasser aus einem Reservoir entnimmt.

◄ Bei weichem Leitungswasser kann die Sprühlanzette direkt an den Wasserhahn angeschlossen werden.

die Töpfe herangelangen kann. Außerdem macht man es damit evtl. auftretenden Schädlingen etwas schwerer, an die Töpfe heranzukommen. Etwa 50 bis 80 cm über den seitlichen Tischen kann man zusätzliche Hängeregale oder andere Stellagen anbringen, um den Kulturraum zu erweitern. An der Stirnwand des Gewächshauses bringen viele Orchideenliebhaber auch gern eine Gitterkonstruktion zum Aufhängen von aufgebundenen Orchideen unter.

Arbeitsplatz

Ein Punkt, der von vielen Liebhabern gern vergessen wird, ist die Einrichtung eines Arbeitsplatzes zum Umtopfen, Aufbinden oder für andere Pflegemaßnahmen. Er sollte eine Höhe von etwa 1 m haben, damit man auch längere Zeit ohne Rückenschmerzen daran arbeiten kann und auch groß genug sein (etwa 80 x 100 cm). Einige Liebhaber setzen vor das eigentliche Gewächshaus eine kleine Blockhütte oder ein Gartenhäuschen, in dem sie neben diesem Arbeitsplatz auch alle notwendigen Utensilien und Werkzeuge unterbringen. Das Gewächshaus wird dann durch diesen Vorbau betreten.

Wasserreservoir

Das Gewächshaus sollte unbedingt einen möglichst großen Tank zum Auffangen von Regenwasser besitzen. Das Regenwasser kann von den Dachflächen gesammelt werden und wird so entsprechend temperiert.

Es kann mit einer entsprechenden Pumpe und einem Brausekopf direkt zum Gießen verwendet werden. Wenig empfehlenswert ist es, dieses Gießwasser zu „recyclen" und erneut zum Gießen zu verwenden.

Weiteres Zubehör

Da Orchideen aus unterschiedlichen Temperaturzonen kommen, unterteilen auch viele Orchideenliebhaber ihre Gewächshäuser in mehrere, durch Trennwände gegliederte Abteilungen. Wenn das Gewächshaus groß genug ist, lassen sich so warm, temperiert und kühl zu kultivierende Orchideen in einem Haus pflegen. Natürlich müssen alle Einrichtungen wie Heizung, Lüftung und Ventilation für alle Abteilungen getrennt funktionieren können.

Im Handel ist eine große Palette an mehr oder weniger nützlichen Ausstattungen und Werkzeugen erhältlich. Dazu gehören Dinge wie Düngemischer, Umwälzpumpen für den Wasservorrat, Zusatzbeleuchtung, Frostwarner und Nebelanlagen. Der Düngemischer ist nur für sehr große Sammlungen sinnvoll. Die gleichmäßige Umwälzung des Gießwasservorrats kann auch durch eine herkömmliche Pumpe aus dem Aquarienhandel geschehen. Eine zusätzliche Beleuchtung durch eine Gewächshauslampe ist nur für besonders lichthungrige Pflanzen im Winter sinnvoll und rentiert sich nur für eine Spezialsammlung beispielsweise von Vandeen oder Cattleyen. Ein einfaches elektronisches Gerät, das bei Unterschreiten einer Mindesttemperatur Alarm schlägt, ist sicher sinnvoll und kann im Elektronik-Versandhandel bezogen oder ohne großen Aufwand selbst gebaut werden. Für den Liebhaber spezieller Orchideengruppen aus den Nebelwälder Kolumbiens oder Papua-

Neuguineas kann die Anschaffung einer Nebelanlage eine große Erleichterung bei der Pflege sein.

Begleitpflanzen

Es gibt eine ganze Reihe von sehr interessanten Pflanzen, die den Lebensraum mit den Orchideen teilen und zusammen mit ihnen im Gewächshaus oder auf der Fensterbank gepflegt werden können. Einige davon können sich zur Regulierung der Luftfeuchtigkeit als sehr nützlich erweisen, andere stellen mit ihrem dekorativen Blattwerk, ihrem eigentümlichen Wuchs oder ihren Blüten eine reizvolle Ergänzung zu den Orchideen dar. Bromelien und Tillandsien können beispielsweise zusammen mit Orchideen als lebendiges Gestaltungselement einen Epiphytenstamm bereichern. Einen sehr praktischen Nutzen hat beispielsweise *Tillandsia usneoides*, das so genannte „Spanische Moos" oder „Louisianamoos", wenn man diese Pflanze um die

Luftwurzeln von Vandeen oder aufgebundenen Cattleyen drapiert. Es hält mit seinen feinen Haaren lange die Feuchtigkeit. Und erhöht die Luftfeuchtigkeit um die Pflanze herum. Farne bieten mit ihrem Blattwerk nicht nur einen ansprechenden Hintergrund für Orchideenblüten, sie tragen auch wesentlich zu einer Erhöhung der Luftfeuchtigkeit bei. Hier sind vor allem Gattungen wie *Asplenium* (Nestfarn) und *Platycerium* (Geweihfarn) zu nennen. Carnivoren (Fleischfressende Pflanzen) wie das Fettkraut *Pinguicula* oder die in Südostasien beheimatete Kannenpflanze *Nepenthes* können dazu beitragen, Insekten im Gewächshaus zu reduzieren.

Natürlich müssen die Begleitpflanzen von ihren Ansprüchen und Bedürfnissen her zu den Orchideen passen. Sie sollten aus dem gleichen Klimabereich kommen und die selben Ansprüche an Temperatur, Luftfeuchtigkeit und Gießwasser stellen. Ideal sind für Orchideen Begleitpflanzen, die

ebenfalls eine epiphytische Lebensweise angenommen haben. Dazu zählen neben den schon genannten Pflanzengruppen beispielsweise auch Blattkakteen wie *Rhipsalis* oder Aronstabgewächse wie *Anthurium*. Die meisten dieser Pflanzen können übrigens auch durchaus auf der Fensterbank als Begleitpflanzen für Orchideen gepflegt werden.

◀ **Bromelien und Tillandsien haben ähnliche Ansprüche wie Orchideen und sind ideale Begleitpflanzen.**

▼ **Auch exotische Kletterpflanzen wie diese *Aristolochia* fühlen sich im Orchideengewächshaus wohl.**

Orchideen im Garten

▲ Knabenkraut *(Dactylorhiza)* in zwei Farbvarianten und Sumpfsitter *(Epipactis palustris)*

Von den etwa 200 europäischen Orchideen sind etwa 60 Arten bei uns in Deutschland vertreten. Diese heimischen Orchideen sind zwar kleiner und es handelt sich ausschließlich um Erdorchideen, sie stehen aber in puncto Schönheit nicht hinter ihren tropischen Verwandten zurück. Alle bei uns vorkommenden Orchideen sind aber hochgradig gefährdet und stehen unter strengem Schutz!

Es gibt aber für den Gartenfreund dennoch Möglichkeiten, Orchideen in seinem Garten zu pflegen. Orchideen von anderen Standorten zu entnehmen und im eigenen Garten einzusetzen, ist im doppelten Sinne Frevel. Einerseits sind Naturentnahmen nur mit besonderen behördlichen Genehmigungen erlaubt. Die Pflanzen dürfen auf keinen Fall von ihrem natürlichen Standort entfernt werden. Andererseits haben Orchideen, die

so verpflanzt wurden, keinerlei Überlebenschancen. Sie sind so stark vom jeweiligen Bodenleben und ihrem Symbiosepilz abhängig, dass sie nur dort gedeihen können, wo sie zusammen mit diesem Symbiosepilz aufwachsen können. Wenn man heimische Orchideen in seinem Garten wachsen sehen will, gibt es nur zwei Möglichkeiten: Man schafft die Bedingungen, die die Orchideen zum Gedeihen brauchen und wartet, bis sie sich von ganz allein einstellen oder man greift auf Pflanzen aus künstlicher Vermehrung zurück, die man in Spezialgärtnereien erwerben kann. In den seltensten Fällen allerdings halten sich heimische Orchideen an Beetgrenzen oder gestalterische Gartenpläne. Sie wachsen dort, wo es ihnen behagt, und das ist nicht immer dort, wo man sie gern sehen möchte. Es hat, wie gesagt, dann keinen Sinn, sie verpflanzen zu wollen, weil sie dann unweigerlich eingehen. Dies kann dazu führen, dass die Orchideen den Garten gestalten, und nicht sein Besitzer. (Ein Bekannter des Autors kann beispielsweise im Sommer nicht Rasen mähen,

da sein Garten voller *Epipactis* und *Dactylorhiza* steht.) Damit muss man sich dann in diesem Fall arrangieren.

Beschaffung

Wenn sich keine heimischen Orchideen von allein im Garten einstellen wollen, gibt es auch die Möglichkeit, sich in Spezialgärtnereien Pflanzen aus künstlicher Vermehrung beschaffen. Hier ist vor allem der heimische Frauenschuh *Cypripedium calceolus* zu nennen, der in Form von Rhizom-Stückchen verkauft wird. Der Standort sollte im Schatten und etwas geschützt liegen. Um eine krümelige, lockere Bodenstruktur zu erreichen, kann man den Boden mit Blähtonbruch oder einem ähnlichen Material aufbereiten. Bei zu nassen Böden muss eine Drainageschicht eingebracht werden. Bei zu sandigem Boden, der schnell austrocknet kann man mit Torf bzw. ungedüngtem Torfersatz arbeiten. Der günstigste Pflanztermin ist im Herbst. Dann sollte man das Rhizom etwa 2 bis 3 cm tief einpflanzen und mit Erde bedecken. Ein Winterschutz ist im Allgemeinen nicht notwendig, wohl aber ein Schutz vor Schnecken und eventuell vor Wühlmäusen, die großen Schaden an den Rhizomen anrichten können. Ein in den Boden eingelassener Blechrand oder ein Schneckenzaun können Abhilfe schaffen. Als Begleitpflanzen eignen sich Funkien und niedrig bleibende Farne. Ähnlich kann man auch mit den amerikanischen Frauenschuhen *Cypripedium reginae* (weiße Blüten mit rotem Schuh) und *Cyp. parviflorum* oder den aus Asien stammenden tiefroten Frauenschuh *Cyp. macranthos* verfahren, wobei letzterer manchmal Probleme mit den bei uns häufiger auftretenden Spätfrösten hat. Auch die inzwischen recht zahlreichen *Cypripedium*-Hybriden und auch einigen anderen Orchideen können so behandelt werden. Es gibt einige Züchter, die auf diesem Gebiet sehr ansprechende Erfolge erzielten.

Wie bei allen Orchideenhybriden sind auch diese Kreuzungen sehr viel robuster und

pflegeleichter als die entsprechenden Naturformen.

Es gibt beispielsweise inzwischen auch zahlreiche *Dactylorhiza*-Kreuzungen die mittlerweile sogar schon in Baumärkten und Gartencentern verkauft werden. Diese Pflanzen stammen aus asymbiotischer

Vermehrung (Aussaat ohne den Symbiosepilz) und können mit dem Erdballen im Garten an passender Stelle ausgepflanzt werden. Es soll dabei nicht verschwiegen werden, dass diese Hybriden nicht uneingeschränkte Zustimmung bei den Liebhabern und den Experten finden. Das Problem ist dabei, dass sich die Bestäuber nicht dafür interessieren, ob es sich um eine Naturform oder um eine Hybride handelt und dass es so zur Vermischung von Hybriden mit natürlichen Populationen kommen kann. Es ist nicht absehbar, welche Folgen dies für die heimischen Orchideen hat. In den meisten Fällen greift man aber auf diese Hybriden zurück, weil sich die heimischen Orchideen offensichtlich nicht von allein einstellen. Daher ist ein solcher Durchmischungseffekt vor allem in städtischen Gebieten nicht besonders wahrscheinlich.

▲ Knabenkraut *(Dactylorhiza)* im Garten

◄ *Cypripedium calceolus*, der einheimische Frauenschuh

◄   *Bletilla striata*, die Japan-Orchidee

Exotische Orchideen für den Garten

Es gibt aber auch andere Orchideen, die in unseren Gärten erfolgreich kultiviert werden können. So ist zum Beispiel die aus China und Japan stammende *Bletilla striata* eine schöne Beetpflanze. Die Rhizomstücke können im Frühjahr etwa 3 cm tief in einen lockeren Boden gepflanzt werden und wachsen schnell zu einer schönen Pflanze heran, die zahlreiche Blüten in rot, rosa oder weiß haben kann. Die Pflanze zieht im Herbst ein und ist bei uns nur bedingt winterhart. Man sollte sicherheitshalber einen Teil der Rhizome ausgraben und für das nächste Jahr kühl und trocken überwintern, wie man es zum Beispiel mit Dahlien tut. Das Gleiche gilt auch für die so genannte „Tibet-Orchidee" *Pleione* und die aus Japan stammenden *Calanthe*-Arten so wie die in letzter Zeit häufiger zu findende *Habenaria radiata*, deren weiße Blüten an fliegende Vögel erinnert. All diese Pflanzen ziehen im Herbst ein und sollten dann möglichst kühl, aber frostfrei überwintert werden. Alle bevorzugen sie einen leicht geschützten und nicht zu sonnigen Standort. Meist gedeihen sie besser, wenn man sie in flachen Schalen kultiviert, da sie dann im Herbst nicht ausgegraben werden müssen. Den Winter über kann man die Schalen in den Keller stellen, wo sie kühl, aber frostfrei bis ins zeitige Frühjahr stehen können. Im März/April kann man die Schalen dann wieder tagsüber an einer geschützten Stelle nach draußen stellen, sollte sie aber bei Regen oder bei Frost wieder in einen hellen, kühlen Raum bringen. In Regionen mit Weinanbau, in denen das Klima etwas milder ist, kann man auch versuchen, sie mit einer leichten Abdeckung zu überwintern.

Magerrasen

Die an Orchideen reichsten Gebiete sind bei uns die Magerwiese und der Trockenrasen. Leider sind diese Areale durch den Eintrag von Nährstoffen aus Landwirtschaft, Industrie und Verkehr akut sehr gefährdet. Auch unsere Gartenböden sind im Allgemeinen zu reich an Stickstoff und Phosphor, als dass die Orchideen dieser beiden Lebensräume ohne Vorbehandlung im Garten gedeihen könnten. Will man also gezielt die Orchideen aus diesen Gebieten kultivieren, so muss der Boden sorgfältig vorbehandelt werden.

Der wesentliche Unterschied zwischen Magerwiese und Trockenrasen (eigentlich besser: „Halbtrockenwiese") ist das Wasserhaltevermögen des Bodens. Die Magerwiesen sind feuchter. Daher kann man beim Anlegen einer Magerwiese auf eine Wasser abführende Drainageschicht verzichten. Um den Nährstoffgehalt des Bodens zu senken, vermischt man ihn 1:1 mit Erde aus Bau- oder Straßenaushub. Die Dicke dieser Bodenschicht sollte etwa 30 cm sein. Der pH-Wert des Bodens wird mit Zugaben von Torf (beziehungsweise Torfersatz) oder Kalk reguliert. Für *Dactylorhiza*-Arten wie Fuchs' Knabenkraut *(Dact. fuchsii)*, Geflecktes Knabenkraut *(Dact. maculata)*, Breitblättriges Knabenkraut *(Dact. majalis)*, Holunderknabenkraut *(Dact. sambucina)* sollte er leicht sauer sein (pH 4,5 bis 6,5) während die anderen Knabenkäuter aus der Gattung *Orchis* wie Wanzenknabenkraut *(Orchis coriophora)*, Männliches Knabenkraut *(Orchis mascula)*, Helmknabenkraut *(Orchis mili-*

taris), Kleines Knabenkraut *(Orchis morio)*, Blasses Knabenkraut *(Orchis pallens)*, Purpurknabenkraut *(Orchis purpurea)*, Brandknabenkraut *(Orchis ustulata)* und für die Waldhyazinthen *Platanthera bifolia* und *Plathanthera chlorantha* im basischen Bereich über 7 liegen sollte.

Für die Anlage eines Trockenrasens ist der Aufwand etwas höher. Damit das Wasser gut ablaufen kann, ist eine gute Drainage aus Kalk- oder Silikatgestein mit einer Tiefe von etwa 20 cm notwendig. Hierzu wird der Boden etwa 50 cm tief ausgehoben. Ein genügendes Gefälle unterstützt dabei das rasche Abfließen von Regenwasser. Über die

Drainage bringt man eine Schicht feineren Kies und darüber eine Mischung aus Gartenerde und Lavakies. Diese letzte Schicht sollte eine Stärke von etwa 10 cm haben. Größere Steine und Heide- oder Erika-Pflanzen, locker verteilt, ergeben einen Windschutz und können in strengeren Wintern als Auflagefläche für Fichtenreisern als Winterschutz dienen. Auch hier kann der pH-Wert mit Torf, Torfersatz oder Kalk eingestellt werden. Während die Knabenkräuter aus der Gattung *Dactylorhiza* einen leicht sauren Boden (pH 5-6) lieben, bevorzugen die anderen Knabenkräuter *(Orchis)* und die Ragwurz-Arten *(Ophrys)* einen neutralen bis basischen Boden mit einem pH-Wert zwischen 7 und 9. Hier gedeihen die Pyramidenorchis *Anacamptis pyramidalis*, das Gefleckte, das Fuchs' und das Helmknabenkraut, das Männliche, das Helm- und das

▶ Pleionen lassen sich im Sommer auch im Garten kultivieren.

▼ Kleines Knabenkraut *(Orchis morio)* im Rasen

Purpurknabenkraut so wie das Dreizähnige Knabenkraut *Orchis tridentata*. Auch die verschiedenen Ragwurz-Arten wie die Hummel- *(Ophrys fuciflora)*, die Fliegen- *(Ophrys insectifera)* und die Spinnen-Ragwurz *(Ophrys sphegoides)*.

auch eine „stationäre" Insel in seiner Mitte einplanen, auf der sich viele der nicht ganz so viel Feuchte liebenden Orchideen ansiedeln lassen. Die Insel wird dann von einer Art „Burggraben" umgeben, der eine sichere Verteidigung gegen die „nackten Raubritter der Wiesen" wie die Rote Acker-nacktschnecke darstellt.

Es sei an dieser Stelle noch einmal darauf hingewiesen, dass sich für die Freiland-kultur entweder nur solche Pflanzen eig-nen, die sich von selbst am für sie einge-richteten Standort einstellen oder solche aus gärtnerischer Kultur und nachgewiese-ner künstlicher, möglichst asymbiotischer Vermehrung. Alle in der Natur gewachsenen Orchideen leben in engster Symbiose mit den sie umgebenden Bodenlebewesen und überleben ein Verpflanzen nicht! Naturent-nahmen sind daher nicht nur gesetzeswid-rig, sondern auch völlig sinnlos. Sicheren Erfolg hat man nur mit Orchideen, die in Gärtnereien vorkultiviert worden sind und die bereits an die Bedingungen im Garten angepasst sind.

Künstliches Moor

Ein dem Teich und dem Sumpf eng ver-wandtes Ökosystem ist das Moor. Auch hier spielen die Feuchtigkeit und ein niedriger pH-Wert eine große Rolle. Ein Moorbeet bietet einer Vielzahl von interessanten Pflanzen und Tieren Lebensraum und kann eine lohnende Ergänzung im Garten sein. Leider hat ein solches Moorbeet einen entscheidenden Nachteil: Man braucht für seine Anlage relativ viel Torf, der sich nur durch die Landschaft zerstörenden Abbau

Teichrand und Feuchtzonen

Viele der Orchideen, die auf der Magerwiese gedeihen, sind auch für den Teichrand und die Sumpfzone geeignet. Hierzu zählen das Fuchs' Knabenkraut, das Gefleckte und das Breitblättrige Knabenkraut. Auch das Übersehene Knabenkraut *Dactylorhiza praeternissa* und die Sumpfwurz *Epipactis palustris* können sich hier ansiedeln.

Die größten Probleme bereiten bei der Orchideenkultur im Garten immer wieder Schnecken. Vor allem da, wo es feucht ist, nehmen sie rasch überhand und können in kürzester Zeit den gesamten Orchideen-bestand zerstören. Man kann dem entge-gen wirken, in dem man in seinem Garten Kröten und Frösche heimisch macht, die die Schneckenplage in Schach halten. Rund um Zonen, in denen besonders viele Orchideen wachsen, sollte man aber dennoch durch einen Schneckenzaun die lästigen Mollus-ken von den Pflanzen fern halten. Dies hilft natürlich nur gegen Schnecken außerhalb des Zauns, diejenigen, die sich innerhalb des eingezäunten Gebiets befinden, muss man allesamt absammeln.

Eine gute Möglichkeit, seine empfindlichen Orchideen zu schützen, ist eine schwim-mende Insel, die man auf einer großen, im Wasser treibenden Styroporplatte oder in einer Styroporwanne einrichten kann, auf der man eine dünne Bodenschicht und lebendes Torfmoos unterbringt. Hier lassen sich typische Sumpfpflanzen ansiedeln und sehr feucht wachsende Orchideen wie das Fleischfarbene Knabenkraut *(Dactylorhiza incarnata)*, das Purpurblütige Knabenkraut *(Dactylorhiza purpurella)* und das Sumpf-knabenkraut *(Orchis palustris)*. Platten aus aufgeschäumtem Polystyrol (Styropor) sind langfristig haltbarer als andere Materialien. Wenn der Teich groß genug ist, kann man in ökologisch wertvollen Hochmoorgebieten gewinnen lässt. Es gibt aber ein von einem Spezialisten aus den Nähe von Münster entwickeltes Verfahren, den Bedarf an Torf deutlich zu reduzieren und auf diese Weise ein ökologisch sehr wertvolles Kleinbiotop aufzubauen, das ohne großen Pflegeaufwand über lange Jahre stabil bleibt. Als Grundlage dient eine etwa 50 cm tief ausgehobene Grube, die mit Teichfolie ausgekleidet wird. Man kann auch einen (möglichst großen) handelsüblichen Kunststoff-Gartenteich verwenden. Als Wasserreservoir dienen umgedreht aufgestellte Eimer, Kanister oder Kübel aus Kunststoff, in deren Böden mehrere fingerdicke Löcher gebohrt werden. Diese werden mit Ziegeln aus Weißtorf bedeckt, wobei alle Zwischenräume sorgfältig gefüllt werden müssen. Die oberen Schichten werden später durch die Kapillarwirkung mit Wasser versorgt. Darauf kommt eine etwa 5–10 cm dicke Schicht aus Schwarztorf. Man sollte bei der Gestaltung mindestens einen Moortümpel (Blänke) vorsehen. Blänken sind nicht nur

ein natürlicher Bestandteil des Moores, man kann an ihnen auch den aktuellen Wasserstand ablesen. Eine abwechslungsreiche Landschaft mit Erhöhungen (Bulten) und flachen Mulden (Schlenken) garantiert ein reichhaltiges Biotop. Von entscheidender Bedeutung ist die Qualität des Wassers. Zwar besitzt der Torf eine gute Pufferkapazität, aber man sollte dennoch ausschließlich Regenwasser verwenden, um das Moorbeet zu füllen. Selbst das kann in urbanen Regionen zu einem zu großen Eintrag von Nährstoffen führen, wodurch viele echte Moorpflanzen wenig Chancen haben. Eine genügend große Dachfläche und die Möglichkeit, Regenwasser zu sammeln und zu speichern ist eine der Vorraussetzungen für ein Moorbeet. Je größer die Fläche des Moores ist und je größer das unterirdische Wasserreservoir, desto weniger Wasser muss man sammeln, weil dann die eigene Wasserspeicherfähigkeit des Moores gut genug ist, um auch über einen trockenen Sommer zu kommen. Das notwendige Pflanzensortiment und die Orchideen wie

Pogonia ophioglossoides, *Calopogon tuberosus* und andere Moor-Orchideen sind über den Fachhandel zu beziehen. Gleiches gilt natürlich auch für das unbedingt notwendige lebende Torfmoos *Sphagnum*, das selbstverständlich nicht aus der Natur gesammelt werden darf! Als weiterführende Literatur sei unbedingt auf das Buch von Erich Maier verwiesen, dem Erfinder dieser Methode, bei dem mittlerweile 12 solcher Moore seit über 10 Jahren erfolgreich im Garten Bestand haben.

▲ Mit etwas ungedüngtem Torf, Sumpfmoos und Knabenkraut entsteht in einer Blumenschale ein Minimoor.

◀ Umgedrehte Blumentöpfe dienen im selbstgebauten Moorbeet als Wasserreservoir und Fertigbecken als Moorkolke.

Orchideenpraxis und -pflege

Das richtige Gießwasser

Das richtige Gießwasser ist einer der wichtigsten Kulturfaktoren bei Orchideen. Da die Eltern vieler Sorten und Hybriden ursprünglich epiphytisch wuchsen, sind sie an weiches Regenwasser angepasst und reagieren auf hartes Leitungswasser empfindlich. Unschöne Kalkablagerungen auf den Blättern und dem Substrat sowie kümmerliches Wurzelwachstum sind die Folge.

In der Natur steht epiphytisch wachsenden Orchideen Wasser nur in Form von Regen und Tau zur Verfügung. Da im Regenwasser kaum Nährstoffe gelöst sind, enthält es

▲ Regenwasser ist ideal zum Gießen. Die Tonne sollte immer im Gewächshaus stehen, damit das Wasser nicht zu kalt ist.

▼ Typische Kalkflecken, wenn mit zu harten Wasser gesprüht wird.

praktisch keine Härte bildenden Salze. Das Leitungswasser, das von den meisten Orchideenfreunden verwendet wird, enthält allerdings neben Kalzium- auch noch Magnesiumkarbonat und andere Mineralstoffe. Kalzium und Magnesium sind die beiden wichtigsten Minerale und bestimmen die so genannte Wasserhärte. Die Summe aller Härte bildenden Salze wird als Gesamthärte bezeichnet. Sie wird in Grad deutscher Härte (°dH) angegeben. Im Allgemeinen wird

Leitungswasser in vier Härtebereiche eingeteilt: Härtebereich 1 (0 bis 7 °dH), Bereich 2 (7 bis 14 °dH), Bereich 3 (14 bis 22 °dH) und Bereich 4 (über 22 °dH). Ideal für Orchideen (und nebenbei bemerkt, die meisten anderen Zimmerpflanzen auch) ist weiches Wasser mit einem Härtegrad bis 5 °dH. Schließlich muss man bedenken, dass mit dem Dünger, der ja zum Wachstum und Gedeihen und für eine üppige Blüte unabdingbar ist, noch zusätzlich (Nähr-)Salze dem Wasser beigefügt werden.

Wenn man sich im Laufe der Zeit eine kleine Orchideensammlung zugelegt hat, kommt man nicht umhin, sich Gedanken über eine Wasseraufbereitung zu machen. Denn in den seltensten Fällen ist das Leitungswasser von einer pflanzenverträglichen Qualität.

Regenwasser

Wer in der glücklichen Lage ist, Regenwasser nutzen zu können, hat schon viele Vorteile bei der Versorgung seiner Orchideen. Mittels eines Abzweigs an der Regenrinne

▶ *Trichopilia suavis* gehört zu den besonders salzempfindlichen Arten und gedeiht nur bei weichem Gießwasser.

kann das Wasser in einer Tonne gesammelt werden und steht immer zur Verfügung. Beim Sammeln muss man beachten, dass man nach längeren Trockenperioden erst den angefallenen Schmutz und Staub (mit den darin vorhandenen Schadstoffen) abwaschen lassen sollte, bevor man das Regenwasser auffängt.

In Gegenden, in denen eine stärkere Luftverschmutzung (zum Beispiel durch Industrieabgase) herrscht, sollte man an einigen wenigen Pflanzen testen, ob das Gießwasser gut vertragen wird. Manchmal können auch Stoffe, die sich aus dem Dachziegeln oder den Rohren lösen, zu Pflanzenschäden führen.

Leitungswasser aufbereiten

Wenn das Leitungswasser in der Gegend, in der man lebt, nun aber so hart ist, dass es nicht direkt verwendet werden kann, und man kein Regenwasser zur Verfügung hat, muss man das Gießwasser aufbereiten. Für einige wenige Pflanzen reicht es schon, das Wasser abzukochen und über Nacht stehen zu lassen. Durch das Abkochen entweicht gelöstes Kohlendioxid aus dem Wasser und im Wasser gelöstes Kalzium fällt aus. Am nächsten Morgen kann dann das

Wasserhärte

Härtebereich	Gesamthärte (° dH)
sehr weich	0 bis 7
weich	7 bis 14
mittelhart	14 bis 22
hart	über 22

kalkfreie Wasser vorsichtig abgegossen und verwendet werden.

Eine andere Möglichkeit zur Aufbereitung kleinerer Gießwassermengen ist der Einsatz von Wasserfiltern aus dem Haushaltswarengeschäft.

Am unkompliziertesten funktioniert eine Wasserenthärtung durch speziellen Torf, dessen Huminsäuren dem Wasser die Härte bildenden Salze entziehen und es außerdem noch ansäuern. Auch spezielle säurehaltige Präparate oder Enthärtertabletten leisten gute Dienste. Die Gebrauchsanweisungen beim Umgang mit diesen Chemikalien müssen immer exakt eingehalten werden, da sonst der Anwender, die Umwelt und die Orchideen Schaden nehmen können. Spezielle Umkehr-Osmose-Anlagen oder Vollentsalzer sind nur dann sinnvoll, wenn man größere Mengen an Gießwasser be-

nötigt. Das Wasser, das man erhält, enthält praktisch keine Salze mehr. Es ist mit destilliertem Wasser vergleichbar und muss entweder mit Leitungswasser verschnitten oder mit Düngesalzen auf einen optimalen Salzgehalt gebracht werden.

Der optimale pH-Wert

Ein weiterer wichtiger Faktor bei der Beurteilung der Wasserqualität ist der Säuregrad, der auch pH-Wert genannt wird. Je niedriger der pH-Wert, desto mehr Säuren enthält das Wasser. Optimal ist ein Wert zwischen 5,5 und 6,5. Viele Blumendünger reagieren auf Grund ihrer Zusammensetzung leicht sauer und sind somit optimal, da Leitungswasser in der Regeln neutral, also einen pH-Wert von 7 hat. Test-Kits oder Teststreifen zur Überprüfung bietet der Aquaristik- oder Orchideenzubehör-Fachhandel.

Richtig düngen

Zum Wachsen brauchen alle Lebewesen Nährstoffe, dies gilt natürlich auch für Orchideen. Da sie als Epiphyten oder Lithophyten an ein Ökosystem angepasst sind, in dem Nährstoffe rar sind, ist die Düngung bei ihnen nicht ganz so einfach wie bei anderen Zimmerpflanzen, stellt aber andererseits bei richtiger Handhabung auch kein Problem dar.

Es war das Verdienst von Gustaf Liebig, durch ausgewogene Düngung den Ertrag von Pflanzen in der Landwirtschaft zu erhöhen. Gleiches gilt natürlich auch für Zierpflanzen wie die Orchideen. Seine Forschung zeigte deutlich, wie wichtig eine ausgewogene Düngung ist. Es gibt eine Reihe von lebenswichtigen Nährstoffen, die der Pflanze zugeführt werden müssen. Dabei begrenzt der Nährstoff mit der kleinsten Menge das Wachstum. Nur wenn alle Nährstoffe in einem ausgewogenen Verhältnis vorhanden sind, kann die Pflanze gedeihen. Das gilt in besonderem Maße auch für Orchideen. Sie leben am Naturstandort in einer engen Lebensgemeinschaft mit den Pilzen und Moosen auf der Rinde. Bei Topfkultur stellt sich ebenfalls eine solche Lebensgemeinschaft ein, denn Orchideenpflanzstoff besteht zu einem großen Teil aus Rinden- und Borkenstücken. Diese werden schnell von Pilzen und Bakterien besiedelt und dabei langsam abgebaut. Von den Stoffwechselprodukten, die dabei langsam und stetig freigesetzt werden, lebt die Orchidee. Man düngt also letztendlich nicht die Orchidee, sondern die ganze Lebensgemeinschaft im Topf. Deshalb ist es auch wichtig, den Pflanzstoff

▲ Wenn salzempfindliche Begleitpflanzen wie diese *Tillandsia aeranthos* gut wachsen und blühen, stimmt auch das Wasser für die Orchideen.

Fehler vermeiden

▶ am besten nur Orchideen-Dünger verwenden oder herkömmlichen Dünger in sehr starker Verdünnung

▶ gleichmäßig düngen, immer in hoher Verdünnung, aber nie „stoßweise" in größeren Konzentrationen

▶ beobachten, ob sich die Pflanze im aktiven Wachstum oder in der Blütezeit befindet, dann düngen

▶ keine Düngergaben während der Ruhezeit, wenn die Pflanze nicht wächst oder nicht blüht

Wichtige Pflanzennährstoffe und ihre Bedeutung

Nährstoff	wichtig für
Stickstoff (N)	Wachstum, Chlorophyll-Bildung
Phosphor (P)	Energiehaushalt, Strukturkomponenten Blütenbildung
Kalium (K)	Enzymreaktionen, Osmoseregulation
Magnesium (Mg)	stabile Zellwände, Chlorophyll
Calcium (Ca)	Wurzelwachstum, Zellwände, Pollenbildung
Eisen (Fe)	Chlorophyll-Bildung

immer gleichmäßig feucht zu halten (nicht nass!), damit dieses Gesamtsystem nicht zu großen Schwankungen unterworfen ist. Natürlich müssen Düngung, Gießverhalten und Pflanzstoff optimal aufeinander abgestimmt sein. Wenn man einen rein mineralischen Pflanzstoff wie zum Beispiel Steinwolle verwendet, gibt es eine solche Lebensgemeinschaft in dieser Form nicht und man muss mit einem mineralischen Dünger die Orchideen direkt düngen. Organische Zusätze, die bei Kultur in Rindensubstrat als Ergänzung sehr hilfreich sein können, sind in anorganischem Substrat sinnlos. Dagegen können so genannte „Chelate" (Substanzen, die Metall-Ionen mobilisieren) für die bessere Spurenelement-Aufnahme immer hilfreich sein.

▶ *Dendrobium cuthbertsonii* geht bei zu hoher Düngekonzentration in wenigen Tagen ein. Diese Miniaturorchidee ist zwar heikel, blüht aber fast das ganze Jahr ohne Unterbrechung. Das Farbspektrum reicht von Weiß über Rosa, Rot, Orange bis zu Gelb und zweifarbigen Varietäten.

Die richtige Luftfeuchtigkeit

Ein großer Teil unserer Orchideen bzw. die Eltern der Hybriden stammen aus den tropischen Regenwäldern oder den Nebelwäldern, wo immer eine relativ hohe Luftfeuchtigkeit herrscht. Dennoch können sich die Pflanzen leicht an Bedingungen anpassen, unter denen auch wir Menschen uns wohl fühlen. Das macht Orchideen als Zimmerpflanzen so gut geeignet.

▲ Mit einem Haar-Hygrometer lässt sich die relative Luftfeuchtigkeit exakt bestimmen.

▶ *Cattleya intermedia* var. *flamea*

Die Luftfeuchtigkeit, bei der sich der Mensch normalerweise am wohlsten fühlt, liegt bei etwa 60 %. Eine höhere Luftfeuchtigkeit ist nur für sehr wenige Orchideen notwendig, die meisten Pflanzen gedeihen ebenfalls bei dieser Luftfeuchtigkeit am besten. Die relative Luftfeuchtigkeit, die in Prozent (%) angegeben wird, zeigt an, wie hoch der Gehalt an Wasserdampf in der Luft ist im Vergleich zur Höchstmenge, die in der Luft vorhanden sein kann (=100 %). Bei 20 °C kann 1 m² Luft beispielsweise 17,2 g Wasserdampf enthalten, bei 10 °C dagegen nur 9,4 g. Die relative Luftfeuchtigkeit ist also temperaturabhängig. Je höher die Temperatur ist, desto mehr Wasserdampf kann sie aufnehmen. Wenn man also beispielsweise im Winter nach dem Lüften die Luft wieder erwärmt, nimmt die Luftfeuchtigkeit ab, da die warme Luft weniger Wasserdampf enthält als sie aufnehmen könnte, obwohl sie vorher gesättigt war. Bestimmen lässt sich die Luftfeuchtigkeit ganz einfach mit Hilfe eines handelsüblichen Hygrometers, von dem man sie direkt ablesen kann. Diese Geräte arbeiten meist mit einem auf einem Metallstreifen aufgeklebten Papier, dessen

◄ Cochleanthes amazonica benötigt hohe
Temperaturen und Luftfeuchte.

Fasern sich mit Wasser voll saugen und dabei ausdehnen. Meist haben solche Hygrometer eine Einstellschraube am Zeiger und
man sollte sie alle paar Monate eichen, in
dem man sie für einige Stunden in ein nas-
ses Tuch einwickelt. Darin sollte sich das
Hygrometer auf 100% einstellen, oder man
muss die Regulierschraube darauf nach-
stellen. In den meisten Fällen ist die Luftfeuchtigkeit in unseren zentral geheizten
Räumen eher zu niedrig. Sie sollte auch im
eigenen Interesse erhöht werden, damit

sich nicht nur die Orchideen, sondern auch
der Pfleger wohl fühlen. Neben technischen
Einrichtungen wie den Verdunstungsbe-
hältern für die Heizkörper oder Wasserver-
dunstern und Zimmerbrunnen kann man
auch mit einfachen Mitteln effektiv die
Luftfeuchtigkeit um die Pflanzen herum
erhöhen. Das erste Mittel ist die Fenster-
bankschale, die überschüssiges Gießwasser
aufnimmt, damit es verdunsten kann. Ein
anderes Mittel, das nicht viel kostet, aber
recht dekorativ wirkt, sind Begleitpflanzen,

die über ihre Blätter Wasser verdunsten und
so erheblich zu einem guten Raumklima
beitragen. Dazu gehören natürlich alle
Blattpflanzen wie beispielsweise Farne,
Blattbegonien oder auch Bromelien, deren
Blatttrichter immer mit Wasser gefüllt sein
soll. Die effektivsten Pflanzen zur Regulierung der Luftfeuchtigkeit sind sicher die
Zypergräser aus der Gattung *Cyperus,* die
oft auch als „Zimmerpapyrus" bezeichnet
werden. Eine große Pflanze verdunstet täglich bis zu zwei Liter Wasser.

Die Temperaturbereiche

Lange Zeit hatten die ersten Gärtner große Schwierigkeiten, Orchideen über längere Zeit zu kultivieren. Man kannte nur eine Temperatur: nämlich tropisch heiß. Tatsächlich ist die Orchideen-Pflege ganz einfach, wenn man weiß, dass die ganze Vielfalt der Lebensräume sich in drei Temperaturbereiche einteilen lässt: kühl, temperiert und warm.

kühl

tagsüber 13 bis 15 °C
nachts 5 bis 8 °C

temperiert

tagsüber 18 bis 20 °C
nachts 13 bis 15 °C

warm

tagsüber 25 bis 30°C
nachts 18 bis 20 °C

In der ersten Hälfte des 19. Jahrhunderts kultivierte man alle tropischen Pflanzen in Gewächshäusern, die man als „stoves" (Öfen) bezeichnete. Man wusste wenig von den Lebensräumen der aus Südamerika und Südostasien importierten Pflanzen und glaubte, dass alle Orchideen aus dem feucht-heißen Regenwald stammten. Die große Anpassungsfähigkeit der Orchideen sorgte dafür, dass sie von Meereshöhe bis in die Hochgebirge hinauf alle Lebensräume und alle Temperaturzonen besiedeln konnten. Tatsächlich sorgt genau diese Anpassungsfähigkeit auch dafür, dass man fast alle Orchideen in nur drei Temperaturbereichen kultivieren kann. Die drei Temperaturbereiche (kühl, temperiert, warm) unterscheiden sich dabei nicht nur durch die Temperatur in °C, sondern vor allem auch durch den Unterschied zwischen Tag und Nacht. Diese Tag-/Nacht-Differenz ist für viele Orchideen besonders wichtig, damit sie zur Blüte kommen.

Kühler Bereich

Der kühle Temperaturbereich sollte eine durchschnittliche Tagestemperatur von etwa 13 °C bis 15 °C haben. Eine Nachtabsenkung von mindestens 5 °C sorgt für Nachttemperaturen um 8 °C. Damit die Pflanzen keinen Schaden nehmen, sollte die Temperatur nicht über 25 °C ansteigen oder unter 5 °C absinken. Zwar vertragen einige Orchideen am Naturstandort noch extremere Temperaturen, die manchmal durchaus bis an die Frostgrenze absinken können, aber in der Kultur sollte man hier keine Experimente machen. In Kultur haben sich die Pflanzen auf die vorherrschenden Bedingungen eingestellt und quittieren zu starke Abweichungen in den meisten Fällen mit einer sehr langen Erholungsphase, in der sie nur zögerlich wachsen und meist nicht blühen. Diesem Temperaturbereich werden vor allem Orchideen aus dem Hochgebirge zum Beispiel der Anden oder Papua-Neuguineas zugeordnet. Sie wachsen dort als Epiphyten in Nebelwäldern oder als Lithophyten beziehungsweise terrestrisch auf den Wiesen.

Temperierter Bereich

Der temperierte Bereich entspricht mit Tagestemperaturen um 20 °C und Nachttemperaturen von etwa 13 °C bis 14 °C am besten den Temperaturen unserer Wohnzimmer und Arbeitsräume, und so wie wir uns meist bei Temperaturen über 30 °C und unter 10 °C nicht mehr wohl fühlen, so

◄◄ *Sophronitis cernua*, eine klein-wüchsige Orchidee aus Südamerika, gedeiht im temperierten Bereich

◄ *Vylstekeara* Cambria, eine Mehrgattungshybride mit südamerika-nischen Eltern, gedeiht auch bei kühleren Temperaturen.

▼ ► *Ascocenda* gehört zu den warm wachsenden Orchi-deen.

einige Frauenschuhe *(Paphiopedilum)* und viele andere Orchideen wie die Fächerorchi-deen *Bollea* oder *Huntleya* leben. Die Grenz-werte liegen bei 35 °C beziehungsweise bei 16 °C. Diese Pflanzen sind meist nicht für die Zimmerkultur geeignet, weil es bei so hohen Temperaturen schwierig ist, die not-wendige Luftfeuchtigkeit zu erhalten. Sie sind daher eher etwas für das Liebhaber-gewächshaus.

Einige Orchideen wie zum Beispiel die *Dendrobium*-Arten der Himalaya-Region wachsen in Gebieten, deren Klima stark von unterschiedlichen Jahreszeiten geprägt ist. Im Winter bevorzugen sie den kühlen Tem-peraturbereich, während sie im Sommer dem warm-temperierten Bereich zuzuord-nen sind.

stellen diese auch die Extremwerte dar, die man bei der Kultur von Orchideen aus diesem Bereich nicht über- oder unter-schreiten sollte. Die Pflanzen dieser Tempe-raturzonen wachsen meist in mittleren Höhenlagen bis etwa 1.500 m und sind häu-fig sehr tolerant gegen kurzzeitige Schwan-kungen. Für diesen Temperaturbereich gibt es die größte Zahl an Naturformen und Hybriden, die sich durch Selektion gut an-gepasst haben. So ist es den Züchtern in langjähriger Arbeit gelungen, *Phalaenopsis*-Arten und -Hybriden für den temperierten Bereich heranzuziehen, obwohl die Natur-pflanzen ursprünglich eher aus dem war-men Bereich stammten. Auch temperatur-tolerante Hybriden von ursprünglich kühl zu kultivierenden Pflanzen wie *Odontoglos-sum, Miltoniopsis* oder die aus den Hochge-birgsregionen der Anden stammenden *Masdevallia* gibt es inzwischen, die gut im temperierten Bereich gedeihen.

Warmer Bereich

Aus den Regenwäldern des Tieflands wie zum Beispiel aus der indonesischen Insel-welt oder dem Amazonas-Becken stammen die Pflanzen, die im warmen Temperatur-bereich zu kultivieren sind. Temperaturen von tagsüber 25 °C und nachts 20 °C kenn-zeichnen diesen Bereich, in dem viele der ursprünglichen *Phalaenopsis*-Naturformen,

Das richtige Licht

Licht ist für alle Pflanzen einer der wesentlichsten Faktoren, die darüber entscheiden, ob sie wachsen und gedeihen oder vor sich hin kümmern. Die meisten der bei uns kultivierten Orchideen stammen aus tropischen Regionen, wo ganz andere Lichtverhältnisse herrschen als bei uns in den gemäßigten Breiten, wo die Lichtverhältnisse mit der Jahreszeit wechseln.

Bei uns sind im Sommer die Tage lang und sonnig hell, während sie im Winter kurz und durch die Bewölkung recht dunkel sind. Zwar gibt es auch in den Tropen Jahreszeiten mit leicht unterschiedlichen Tageslängen, aber die Schwankungen sind bei weitem nicht so groß wie in unseren Breiten. Daraus ergeben sich für die Orchideen bei uns eine Reihe von Problemen. Im Winter bekommen sie beispielsweise zu wenig Licht, und so, wie das Beispiel der „Minimum-Tonne" bei der Düngung zeigte, bestimmt der Kulturfaktor mit der geringsten Größe, wie gut das Wachstum der Pflanze ist. Im Winter schrauben daher viele Orchideen ihren Stoffwechsel etwas herunter und das Wachstum geschieht viel langsamer. Manche Orchideen legen eine richtige Ruhezeit ein. Eine Gefahr besteht darin, dass sich die Pflanzen auf die geringen Lichtmengen einstellen und die Blätter dann im Frühjahr, wenn die Tage schnell länger werden und vor allem durch die geringere Bewölkung plötzlich sehr viel mehr Licht da ist, Schaden nehmen können. Man muss daher besonders bei Orchideen, die an einem Südfenster stehen, darauf achten, dass sie in den ersten Frühlingstagen vor der Mittagssonne geschützt sind, damit die Blätter nicht verbrennen. Aber die Orchideen gewöhnen sich glücklicherweise rasch an die größer werdenden Lichtmengen. Allerdings können sie dies nur bis zu einem gewissen Grad. Vor allem im Hochsommer müssen sie vor der Mittagssonne geschützt werden, weil ihre Intensität zu stark ist.

Obwohl viele Orchideen am Naturstandort der vollen Tropensonne ausgesetzt sind, stellen sie sich bei uns auf ein Jahresmittel der Lichtmenge ein und können mit der vollen Strahlungsintensität eines sommerlichen Mittags nicht fertig werden. Deshalb müssen sie drinnen wie draußen vor der Mittagsonne durch eine Schattierung geschützt werden.

Wenn die Tage im Herbst wieder kürzer werden, kann dieser Schutz entfallen. Nun sollten die Pflanzen so viel Licht wie möglich bekommen, damit sie Substanz für den Winter aufbauen können.

Einige Orchideen wie zum Beispiel viele *Cattleya*-Arten oder *Dendrobium phalaenopsis* und die damit gezüchteten Hybriden sind so genannte „Kurztagspflanzen", bei denen die Tageslänge bei der Blütenbildung eine wichtige Rolle spielt.

Man kann lichthungrigen Pflanzen mit einer abendlichen Zusatzbeleuchtung über den Winter helfen. Sie profitieren dann von der zusätzlichen Tageslänge und kommen damit leichter zur Blüte. Für viele Orchideen wie zum Beispiel *Phalaenopsis* ist dies meist nicht notwendig, da sie im Winter blühen

und dabei weniger Licht für ihren Stoffwechsel brauchen.

Bei der Fensterbankkultur sollte man sehr genau wissen, wie viel Licht eine Orchidee vertragen kann. Pflanzen, die es sehr hell mögen, sollte man dicht ans Fenster stellen, während solche, die mit weniger Licht auskommen, sich in der zweiten Reihe wohler fühlen. Man kann also Orchideen durchaus mit anderen Pflanzen beschatten. Auch

eine Fenstergardine kann im Sommer als Schattierung dienen und im Winter entfernt werden, damit die Orchideen heller stehen. Im Gewächshaus kann man den Sommer über eine Außenschattierung aus Schattiergewebe mit 50-70%-iger Schattierwirkung anbringen, die man im Winter entfernt.

Auch bei der Vitrinenkultur spielt das Licht eine wesentliche Rolle. Neonlicht enthält meist nicht das richtige Farbspektrum. Gute Erfahrungen hat der Autor mit einer Kombination aus Tageslichtröhren und den Spezialröhren für Terrarientiere gemacht, die einen höheren UV-Anteil haben.

▲ *Miltonia*-Arten bzw. *Miltoniopsis* sind, was die Lichtansprüche angeht, etwas genügsamer und gedeihen auch an Ost- oder Nordfenstern noch gut.

◄ Schattierung und Entfernung von der Fensterscheibe haben einen großen Einfluß auf die Lichtmenge, die zu den Orchideen gelangt. Links ohne Schattierung, rechts mit Gardinen.

◄◄ *Brassavola*-Arten und ihre Hybriden brauchen viel Licht.

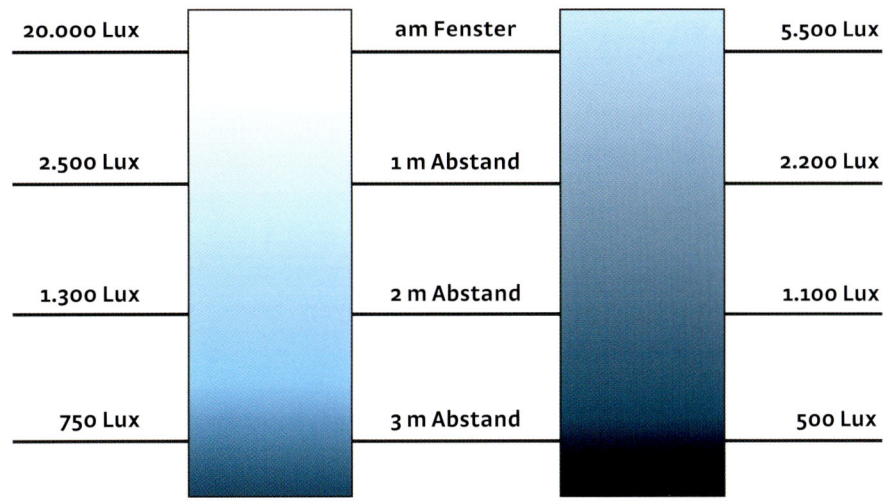

20.000 Lux	am Fenster	5.500 Lux
2.500 Lux	1 m Abstand	2.200 Lux
1.300 Lux	2 m Abstand	1.100 Lux
750 Lux	3 m Abstand	500 Lux

ohne Gardine: sehr hell   **mit Gardine: sehr viel dunkler**

Das Handwerkszeug

Jeder Gärtner braucht ein paar Hilfsmittel und Werkzeuge für die Pflege seiner Pflanzen. Das gilt natürlich auch für den Orchideen-Liebhaber. Man kommt aber mit einigen wenigen Dingen aus, um Orchideen auf der Fensterbank, in der Vitrine oder im Gewächshaus zu pflegen. Natürlich kann man auch hier beliebig viel Geld ausgeben, aber die meisten Dinge sind recht preisgünstig.

▲ *Potinara* Memorial Gold 'Lullaby'

▶ **Eine Grundausstattung an Handwerkszeug ist schnell zusammengestellt.**

Die Zahl der Dinge, die man für die Pflege von Orchideen braucht, ist nicht besonders groß, und man kann alles leicht in einem kleinen Werkzeugkasten unterbringen. Dann hat man immer alles beisammen und braucht nicht lange zu suchen. Natürlich braucht man nicht alles gleich zu Anfang und kann die Gerätschaften im Laufe der Zeit anschaffen. Auf Messgeräte wie pH-Meter oder Leitfähigkeitsmessgerät wird man problemlos verzichten können, wenn man nur ein paar *Phalaenopsis* auf der Fensterbank pflegt. Die Kontrolle der Wasserqualität spielt vor allem bei der Kultur seltener und empfindlicher Naturformen im Gewächshaus eine Rolle.

Vor allem beim Teilen von Orchideen benötigt man ein scharfes Messer, das man vor Gebrauch kurz in Alkohol taucht und dann abflammt, um die Übertragung von Viren und anderen Krankheiten zu vermeiden.

Zum Abtrennen von Rückbulben und zum Zurückschneiden von abgeblühten Blütenständen leistet eine Gartenschere gute Dienste. Auch sie sollte vor jedem Gebrauch an einer neuen Pflanze sterilisiert werden.

Werkzeuge:

▶ Gartenschere
▶ scharfes Messer
▶ Schere
▶ Kombizange

Geräte:

▶ Gießkanne
▶ Drucksprüher
▶ Maximum/Minimum-Thermometer
▶ Hygrometer
▶ Lupe (5x-Vergrößerung)
▶ evtl. Leitfähigkeitsmessgerät
▶ evtl. pH-Meter oder Teststreifen

andere Hilfsmittel:

▶ Stecketiketten aus Kunststoff
▶ dauerhafter Folienschreiber
▶ Kunststofftöpfe
▶ Tonkin- oder Bambusstäbe
▶ kunststoffummantelter Draht
▶ Kunststoffbinder
▶ Umtopf- und Pikierschalen
▶ Alkohol zum Sterilisieren

Eine Haushaltschere dient zum Trimmen von Blättern. Die Kombizange ist nützlich zum Biegen und Abtrennen von Bindedraht und zur Herstellung von Stützstäben für dünne Blütenstände.

Für die Kultur auf der Fensterbank benötigt man natürlich eine Gießkanne mit einem möglichst langen Ausguss, damit man zielgerichtet gießen kann. Man kann den Ausguss seiner Gießkanne auch mit einem Schlauch verlängern, den man leichter mit der Hand führen kann, wie es ein Orchideenliebhaber aus Nürnberg vorgeschlagen hat. Pumpsprüher gibt es in verschiedenen Ausführungen mit unterschiedlichem

Inhalt. Thermometer und Hygrometer sind die wichtigsten Messinstrumente, die man benötigt. Ein Minimum-/Maximum-Thermometer zeigt neben der aktuellen Temperatur auch die höchsten und die niedrigsten Temperaturen an. Eine Lupe dient zum Absuchen der Pflanzen nach Schädlingen und, wenn man fündig geworden ist, zur Bestimmung. Manchmal kann man damit aber auch interessante Blütendetails beobachten.

Um Pflanzennamen und Umtopfdatum immer parat zu haben, sind Stecketiketten und Bindeetiketten aus Kunststoff sehr nützlich. Manche Liebhaber verwenden farbige Etiketten, um besondere Pflanzen, ihre Blüte- oder Ruhezeit zu kennzeichnen. Zum Beschriften benötigt man einen wasserfesten und lichtechten Filz- oder Lackstift. Zum „Erziehen" von Blütenständen und Bulben sind Bambus- oder Tonkin-Stäbe nützlich, an denen man sie mit Bindedraht oder fertigen Kunststoffbindern befestigen kann. So können Blütenstände nicht so leicht abknicken und präsentieren sich besser.

▲ Ein Arbeitstisch im Gewächshaus zum Umtopfen, Aufbinden und zur Aufbewahrung verschiedener Utensilien ist äußerst praktisch.

◀ Zum Sprühen gibt es für jeden Geldbeutel die passenden Behälter.

Das richtige Pflanzsubstrat

Während sich die Wurzeln epiphytischer Orchideen in der Natur an die Rinde der Bäume anschmiegen oder zwischen dem Moos wachsen, müssen sie in Kultur mit den Bedingungen in Töpfen fertig werden. Es ist klar, dass hierbei der Pflanzstoff eine entscheidende Rolle spielt und ganz andere Eigenschaften haben muss als die für andere Pflanzen verwendete Blumenerde.

Die Wurzeln der Orchideen dienen nicht nur dem Halt, wie es bei den Bromelien und Tillandsien der Fall ist, sie übernehmen auch die Wasserversorgung und brauchen, damit das sie umgebende Velamen nicht zerstört wird, viel Frischluft. Daraus ergibt sich, dass der Pflanzstoff die Wurzeln zwar mit Feuchtigkeit versorgen soll, dabei aber den Zutritt von Luft nicht behindern darf. Außerdem sind Orchideen darauf angewiesen, dass die Konzentration der Nährstoffe möglichst gleichmäßig und nicht zu hoch ist. Die Wachstumszone der Wurzel liegt an der grünen Wurzelspitze, die sehr empfindlich gegen Schwankungen der Salzkonzentration ist. Wenn sich die Menge der Nährsalze zu drastisch ändert, sterben die Zellen der Wurzelspitze ab und diese Wurzel kann nicht mehr weiter wachsen. Der Pflanzstoff sollte also in der Lage sein, Nährstoffe aufzunehmen und langsam wieder abzugeben. Diese Eigenschaft besitzt er, weil er von Pilzen und Bakterien besiedelt ist, die mit der Orchidee zusammen leben. In der Natur leben die meisten Orchideen mit bestimmten Pilzen, die sie für die Keimung der Orchideensamen benötigen, auch Zeitlebens in einer mehr oder weniger engen Lebensgemeinschaft. Es ist nie wissenschaftlich genau untersucht worden, aber eine ähnliche Form von Lebensgemeinschaft gibt es wahrscheinlich auch im Pflanzstoff bei der Topfkultur. Der Pflanz-

◄ *Paphiopedilum delenatii* var. *album*

Verschiedene Substrate

▲ Links Kokosfaser, rechts Torffaser zum Aufbinden oder als Substratbeigabe

▲ Links grobes Substrat für Cattleyen und Vandeen, rechts feines Substrat für Odontoglossen oder Cymbidien

▲ Links europäisches, rechts neuseeländisches Sphagnum zur Substratbeigabe oder zum Aufbinden

stoff muss also folgende Komponenten enthalten: ein „Trägermaterial" für Mikroorganismen, das auch Nährstoffe bindet, eine Komponente, die Feuchtigkeit hält und den pH-Wert stabilisiert, und Zuschlagstoffe, die zum Beispiel Mikronährstoffe speichern oder ungünstige Stoffwechselprodukte anlagern. Dabei spielen die Strukturstabilität und die Luftdurchlässigkeit eine große Rolle. Es ist viel experimentiert worden, aber letztendlich hat sich ein Pflanzstoff auf der Basis von Rinde und Torf (bzw. heute Torfersatz) als günstigste Mischung erwiesen.

Geeignetes Substratmaterial

Die Rinde besteht meist aus Pinien- oder Kiefernborke, wie sie im Rindenmulch Verwendung findet. Als Torfersatz werden meist Kokosfasern und Kokosschalengranulat eingesetzt. Hinzu kommen einige Zuschlagstoffe, die die Eigenschaften des Pflanzstoffs verbessern können. Holzkohle dient zur Bindung von Salzen und Stoffwechselabfällen. Vermiculit und Perlite

sind durch Hitze aufgetriebene Silikate, die beim Bau als Isoliermaterial dienen, im Pflanzstoff aber Mikronährelemente binden und langsam frei setzen können. Außerdem tragen sie zur Strukturstabilität bei. Sphagnum-Moos aus Neuseeland, das für diesen Zweck angebaut wird (keine oder nur staatlich kontrollierte Naturentnahme), erhöht bei groben Pflanzstoffen die Stabilität und verbessert das Wasserhaltevermögen. Bei uns steht Sphagnum unter strengem Schutz, da die Moore sehr rar geworden sind. Im Allgemeinen sollte man alle seine Pflanzen im gleichen Pflanzstoff pflegen, weil das Gießen dadurch einfacher wird. Für die meisten Orchideen kann man die „Standard-Mischung" verwenden. Für besonders große Pflanzen ist ein Pflanzstoff mit gröberer Struktur erhältlich. Für Sämlinge und Miniatur-Orchideen gibt es im Handel Pflanzstoff mit kleinerer Korngröße. Es hat nicht an Versuchen gefehlt, andere Pflanzstoffe zu entwickeln. Vor allem in Holland wurde für die Kultur von Cymbidium-Hybriden Steinwolle verwendet.

Dieser Pflanzstoff ist allerdings für den „Hausgebrauch" nur bedingt geeignet, da hier die Wasserqualität und das Gießverhalten eine ganz entscheidende Rolle spielen.

Einige sehr seltene Orchideen wie zum Beispiel Disa, Masdevallia oder Dracula gedeihen in reinem Sphagnum-Moos. Diese Kulturform ist aber nicht einfach und sollte mit diesen Orchideen dem erfahrenen Spezialisten vorbehalten bleiben.

Substrateigenschaften

Eigenschaft:	Bestandteil:
Große Oberfläche	Kiefern- oder Pinienrinde
pH-Stabilisierung, Wasserhaltefähigkeit	Torf (Torfersatz), Neuseeland-Sphagnum
Nährstoffe speichern	Rinde, Torf (Torfersatz)
Spurenelemente speichern	Perlite, Vermiculite
Stoffwechselprodukte ablagern	Holzkohle, Perlite, Vermiculite

Pflanzgefäße und Pflanzkörbe

So vielfältig wie die Wuchsformen der Orchideen sind, so unterschiedlich sind auch die Ansprüche an den Raum rund um die Wurzeln. Die häufigste Zimmer-Orchidee *Phalaenopsis* gedeiht im passenden Pflanzstoff sehr gut in einem handelsüblichen Topf. Andere Orchideen aber wünschen sich mehr Frischluft im Wurzelbereich und wachsen besser in Lattenkörbchen.

Einige Orchideen-Liebhaber schwören auf die Verwendung von Töpfen aus Ton, weil sie poröser sind und den Wasserhaushalt durch Verdunstung regulieren. Für die Pflege auf der Fensterbank haben sich aber aus verschiedenen Gründen Töpfe aus Kunststoff durchgesetzt. Da vor allem *Phalaenopsis* überwiegend in Holland vermehrt und herangezogen werden, spielt natürlich das Gewicht beim Transport eine große Rolle. Tatsächlich sind Kunststofftöpfe aber auch aus anderen Gründen empfehlenswert.

Sie besitzen meist mehr Abzugslöcher am Boden als Tongefäße. Bei Bedarf lassen sich mit einem Lötkolben oder mit einem Bohrer zusätzliche Löcher für den Wasserabfluss und die Belüftung schaffen. Beim Umtopfen der Pflanze kann man die Wurzeln durch vorsichtiges Drücken des Topfes leichter von der Wand lösen. Zwar werden Kunststofftöpfe im Laufe der Zeit spröde, aber von einer Wiederverwendung nach dem Umtopfen ist ohnehin abzuraten. Als Epiphyten wurzeln Orchideen meist nicht besonders tief. Daher sind flachere Töpfe oder Schalen aus Kunststoff für sie besser als die meist zu tiefen Tontöpfe, die zumeist auch nach unten hin konisch zulaufen und einen weniger stabilen Stand haben. Es gibt auch transparente Kunststofftöpfe, deren Wände lichtdurchlässig sind. An der Frage, ob dies einen positiven

▲ ◀ *Cymbidium* Shell Pearl

◀ Ton- und Kunststofftöpfe sind gleichermaßen zur Orchideenkultur geeignet.

Effekt auf das Wurzelwachstum hat, scheiden sich die Geister. Ein klarer Vorteil ist aber die Möglichkeit, das Wurzelwachstum zu beobachten ohne die Pflanze zu stören. Einige Orchideen wünschen eine bessere Belüftung des Wurzelballens oder müssen zwischenzeitlich gut abtrocknen. Für diese Pflanzen eignen sich Kunststoff-Körbe, wie sie für Teichpflanzen üblich sind, besonders gut. Vor allem groß gewachsene Orchideen aus den Gattungen *Cattleya* und *Dendrobium* kommen mit diesen Pflanzgefäßen sehr gut zurecht, weil sie keine dauernde Feuchtigkeit an ihren Wurzeln vertragen. Eine Reihe von Orchideen hat eine hängende Wuchsform. Andere wie zum Beispiel Orchideen aus den Gattungen *Stanhopea*, *Gongora* und *Coryanthes* lassen ihren Blütenstand nach unten wachsen, damit die Blüten unter dem Aste, auf dem sie wachsen, frei hängen können. Diese Pflanzen gedeihen am besten in einem hängenden Lattenkörbchen. Diese sehr dekorativen Pflanzgefäße lassen sich mit nur geringem Aufwand in der passenden Größe aus Leisten selbst bauen. Sie sind aber vor allem bei der Zimmerkultur etwas pflegeaufwendiger und müssen häufiger gegossen oder über-sprüht werden, da die Pflanzen darin schneller austrocknen. Der Pflanzstoff sollte für sie einen etwas größeren Anteil an Neuseeland-*Sphagnum* haben, um die Wasserspeicherfähigkeit zu erhöhen. Dafür bieten sie die Möglichkeit, das Spektrum der eigenen Orchideensammlung um einige interessante Arten zu erweitern.

◄ Bei manchen Orchideen, wie dieser *Gongora galeata*, wachsen die Blütentriebe nach unten. Sie lassen sich am besten aufgebunden oder wie hier in einem Körbchen kultivieren.

Umtopfen

Der Orchideen-Pflanzstoff gibt langsam seine Nährstoffe frei und wird dabei von den Mikroorganismen langsam abgebaut. Nach etwa zwei Jahren kann er der Orchidee nicht mehr genügend Nährstoffe bieten. Außerdem verdichtet er sich und behindert die Luftzufuhr an den Wurzeln. Dann ist es Zeit, die Orchidee in frischen Pflanzstoff umzutopfen.

Tipps zum Umtopfen

▶ Regelmäßiges Umtopfen ist wichtig. Es sollte alle zwei Jahre geschehen.

▶ Der beste Zeitraum ist das Frühjahr, wenn das neue Wachstum einsetzt.

▶ Nicht während der Blütezeit umtopfen! Bei manchen Pflanzen ist es besser, sich von der Blüte zu trennen, wenn ein Umtopfen notwendig ist. (*Phalaenopsis*-Blüten halten sich auch in der Vase wochenlang.)

▶ Pflanzen sollte man nur teilen, wenn es notwendig ist.

▶ Keine Experimente! Möglichst immer einen einheitlichen Pflanzstoff verwenden.

▶ Die Töpfe immer nur so groß wählen, dass die Pflanze darin für die nächsten zwei Jahre ungestört wachsen kann.

Der Grund für das Umtopfen ist also meist nicht das Wachstum der Pflanze, sondern der Abbau des Pflanzstoffs. Wenn man mit dem Umtopfen zu lange wartet, stellt die Orchidee ihr Wachstum ein. Da eine gesunde Pflanze aber immer im Wachstum sein sollte, darf man den Zeitpunkt des Umtopfens nicht verpassen. Das kann zum Beispiel bei *Phalaenopsis* manchmal etwas schwierig sein, weil sie manchmal bis in den Frühsommer hinein blühen. Blühende Pflanzen sollte man aber nicht umtopfen, weil sie ihr Wurzelwachstum eingeschränkt haben. In einem solchen Fall sollte man den Blütenstand abschneiden und die Pflanze umtopfen. Die Blüten halten sich auch in der Vase

◀ *Cattleya skinneri* in Topfkultur

▶ ▶ ▲ *SLC* Hazel Boyd 'Red Stone'

Umtopfen

Höchste Zeit zum Umtopfen, wenn die Pflanze wie hier schon mehrere Triebe über den Topf hinaus gewachsen ist.

Vor dem Umtopfen wird das Material bereitgestellt, der neue Topf und frisches Substrat.

Die Pflanze aus dem alten Topf lösen und das alte Substrat vorsichtig entfernen.

So in den neuen Topf setzen, dass etwa zwei Neutriebe Platz zum Wachsen haben.

sehr lange. Die Pflanze dankt es im nächsten Jahr mit einer viel üppigeren Blüte. Vor dem Umtopfen sollte man nicht gießen. Beim Umtopfen kann man es nicht vermeiden, dass Wurzeln abknicken oder brechen. Wenn sie dabei zu feucht sind, können Pilze und Bakterien leichter eindringen. Deshalb sollte man die Pflanze auch erst zwei bis drei Tage nach dem Umtopfen gießen. Man löst die alten Wurzeln durch Kneten des Topfes von der Wand und nimmt den Ballen heraus. Der alte Pflanzstoff wird vollständig entfernt. Mit einer sterilen Schere werden alle abgestorbenen Wurzeln abgeschnitten. In den neuen Topf kommt zuunterst eine Drainage-Schicht aus Styroporflocken, darauf eine dünne Schicht Pflanzstoff. Darauf setzt man die Pflanze und bringt dabei durch hineindrehen alle Wurzeln in den Topf. Der neue Pflanzstoff wird mit einer Pinzette oder einem Stock zwischen die Wurzeln gebracht. Sie sollten ringsum von frischem Pflanzstoff umgeben sein. Die Pflanze sollte dabei fest bis zum Ansatz der Wurzeln im Pflanzstoff stehen, ohne dass die Wurzeln zu stark gedrückt werden. Ein neues Stecketikett mit dem Pflanzennamen und dem Umtopfdatum vervollständigt das Umtopfen.

Epiphytische Kultur

Viele der bei uns in Töpfen gepflegten Orchideen wachsen in der Natur als Epiphyten auf Ästen und Zweigen. Für einige Arten ist eine Kultur, die diese Lebensweise nachahmt, besser als die Topfkultur. Mit ein wenig Aufwand lassen sich viele, vor allem kleiner bleibende Orchideen gut auf Holz- oder Rindenstücken kultivieren.

▲ *Ascocenda* Princess Mikasa

▶ Ideale Unterlagen: Thujenholz, Baumfarn, Kork

Tipps zur Blockkultur

▶ Blockkultur eignet sich vor allem für Vitrinen und Gewächshäuser.

▶ Im Zimmer ist die Kultur wegen der schnelleren Austrocknung der Pflanzen schwieriger. Die Pflanzen müssen mindestens einmal täglich gesprüht oder getaucht werden.

▶ Gut geeignet sind vor allem kleiner bleibende Orchideen oder solche, die einen etwas sperrigen Wuchs haben.

▶ Wenn man ein Rindenstück leicht schräg in einen Topf stellt, kann man auch eine Mischung aus Topf- und Blockkultur durchführen.

Ob eine Pflanze für die Blockkultur an einem Rinden- oder Korkstück geeignet ist, verraten die Wurzeln und die Wuchsform. Für das Aufbinden eignen sich vor allem Pflanzen mit dickfleischigen Wurzeln, die entweder kräftige Blätter oder kugelige Pseudobulben haben. Dagegen eignen sich Orchideen mit feinen Wurzeln, dünnen Blättern oder flachen Bulben nur unter besonderen Bedingungen für die Blockkultur. Einige Orchideen aus den Gattungen *Bulbophyllum*, *Cirrhopetalum* und *Coelogyne* haben ausgedehnte Rhizomabschnitte zwischen den einzelnen Bulben und brauchen bei Kultur in Töpfen große flache Schalen. Sie können stattdessen besser aufgebunden werden. Allerdings muss man für sie besonders große Rindenstücke wählen und die Triebe durch Fixierung mit Draht so „erziehen", dass sie auf dem Rindenstück bleiben und nicht benachbarte Pflanzen im Gewächshaus „besiedeln". Orchideen wie die aus Asien stammenden *Chilochista* oder die in Afrika beheimateten *Microcoelia* bilden als Anpassung an ihren Lebensraum keine Blätter und können nur aufgebunden kultiviert werden. Bei ihnen übernehmen die Wurzeln die Photosynthese, was man beim täglich notwendigen Sprühen der Pflanzen sehr gut an ihrer grünen Farbe sehen kann, die dann unter dem sonst weißen Velamen hervortritt. Bei einigen *Oncidium*-Arten findet man einen stark kletternden Wuchs, das heißt dass die Neutriebe höher stehen als die Alttriebe. Dieser Wuchs bringt bei der Topfkultur Schwierigkeiten mit sich, weil man die Pflanze bei jedem Umtopfen tiefer setzen muss und dabei die alten Bulben, die ja noch lebendig sind und grüne Blätter haben, im Pflanzstoff „begraben" muss.

Bei ihnen bietet sich eine Mischform an, bei der man in den Topf ein längliches Rindenstück steckt, an dem die neuen Triebe emporwachsen können, wobei sie ihre Wurzeln in den Pflanzstoff im Topf schicken.

▶ *Sophronitis coccinea* – bei epiphytischer Kultur ist die Gefahr von Fäulnis an den Wurzeln geringer.

▼ Maxillarien gedeihen im Gewächshaus am besten aufgebunden.

Epiphyten aufbinden

Für die Blockkultur im Zimmer eignen sich nur sehr wenige Orchideen, vor allem solche, die am Naturstandort an besonders trockene Umweltbedingungen angepasst sind. Dazu gehören die kleineren und robusteren Arten der Gattungen *Brassavola, Dendrobium, Bulbophyllum* oder *Oncidium*. Auch verschiedene Vanda-Arten und ihre Verwandten können mit etwas Mühe erfolgreich ohne Topf im Hause kulturviert werden, wenn man für etwas höhere Luftfeuchtigkeit sorgen und täglich sprühen oder tauchen kann.

Die Materialien, auf die man Orchideen und Tillandsien aufbinden kann, sollten verschiedene Voraussetzungen erfüllen.

Sie sollten dauerhaft und schwer verrottbar sein, Wasser und Nährstoffe mäßig gut binden und dabei nicht zu viele Nährsalze anlagern. Außerdem heften sich die Orchideenwurzeln nicht an alle Materialien an. Ideal sind Stoffe, die den Wurzeln die Möglichkeit bieten, in sie einzudringen und sie zu durchwachsen. Früher galten Baumfarnbrettchen als das beste Material, um Orchideen zu kultivieren. Allerdings gehören manche Baumfarne heute selbst zu den bedrohten Pflanzen und man sollte sie lieber selber kultivieren, statt sie als Pflanzstoff zu missbrauchen (vielleicht mit einer daran kultivierten Orchidee?). Heute werden hauptsächlich Rebholzknorren, Äste

von Robinien und anderen Harthölzern und Stücke von Korkrinde zum Aufbinden von Orchideen verwendet. Korkeichenäste sind im Handel oft unter der Bezeichnung „Tronchos" erhältlich. Sie sind sowohl für die Zimmerkultur als auch für Gewächshaus und Vitrine bestens geeignet und können den Pflanzen für lange Zeit als Unterlage dienen.

Es hat verschiedentlich Versuche gegeben, Materialien wie Styropor oder Steinwolle zum Aufbinden zu verwenden, diese Stoffe haben sich aber aus verschiedenen Gründen nicht durchgesetzt, weil sie meist nur unter den speziellen Kulturbedingungen der jeweiligen Experimentatoren gute Resultate erzielten. Diese guten Ergebnisse ließen sich meist bei anderen Orchideenliebhabern nicht wiederholen.

◀ *Cattleya lodiggesii* **var. punctata**

Orchideen aufbinden

Legen Sie Material und Werkzeug bereit.

Den Teil der Pflanze abschneiden, der aufgebunden werden soll.

Eine Unterlage aus Sphagnum-Moos hält die Feuchtigkeit länger.

Die Pflanze auf die Unterlage setzen.

Zum Fixieren mit Bindedraht festbinden.

Fertig aufgebunden.

Damit die Pflanzen vor allem in der Zeit des Anwachsens etwas länger mit Feuchtigkeit versorgt werden, sollte man zwischen Unterlage und Wurzeln etwas Moos (günstig ist Neuseeland-*Sphagnum*) legen. Bei Pflanzen mit feinem Wurzelwerk wie zum Beispiel bei *Dendrobium* und *Bulbophyllum* sollte man auch auf die Wurzel *Sphagnum* mit aufbinden. Damit hält sich nach dem Sprühen die Feuchtigkeit länger. Früher hat man dazu gern lebendes Waldmoos oder Moos aus dem Rasen im Garten verwendet und gesagt, wenn das Moos am Leben bleibt, geht es auch der Pflanze gut. Dies funktioniert aber nur bei sehr kühler und feuchter Kultur und auf keinen Fall bei der Pflege im Zimmer. Außerdem lebt im Wald-

moos nicht nur das Moos, sondern auch einiges andere wie zum Beispiel kleine Schnecken, die dank des guten Futters schnell groß werden würden.

Zum Aufbinden sollte man bei kleinen Pflanzen eine elastische Schnur aus einem nicht verrottbaren Material verwenden. Draht oder Nylon-Schnur schneiden in die Pflanzenteile ein und verletzen die Rhizome oder die Wurzeln. Besser ist hier der in der Fachliteratur so oft zitierte Damenstrumpf aus Nylon bzw. Streifen davon. Das Material ist nachgiebig, elastisch und dennoch stabil. Die Wurzeln können sich nur dort anheften, wo sie sich neu bilden und dabei nicht bewegt oder gestört werden. Dazu müssen sie auf der Unterlage fixiert werden. Ein elas-

tisches Material wie Nylongewebe hält sie auf der Unterlage fest, ohne in sie einzuschneiden.

▲ Kork oder Robinienrinde sind geeignete Unterlagen, um Orchideen aufgebunden zu kultivieren.

Orchideen vermehren

Es gibt kaum etwas Schöneres, als ein selbst gezogenes Pflänzchen von Anfang an bis zu einer großen Pflanze heranwachsen zu sehen und die Spannung zu erleben, wenn es das erste Mal blüht. Andererseits gibt es auch ganz praktische Gründe, eine gut wachsende Pflanze nicht zu groß werden zu lassen und sie zu teilen, damit sie auch weiterhin im Wachstum bleibt.

▲ *Dendrobium* **Christmas Cheer**

▶ **Sympodial wachsende Orchideen wie** *Laelia pumila* **lassen sich leicht durch Teilung vermehren.**

Bei guter Pflege werden vor allem sympodial wachsende Orchideen für ihren Topf bald zu groß. Die neuen Triebe stoßen am Topfrand an und der nächste Neutrieb wird über den Rand hinaus wachsen. Wenn die Wurzeln keinen Halt finden, wird spätestens der übernächste Trieb anfangen zu kümmern. Man kann sicherlich in einen größeren Topf umtopfen, aber ab einer bestimmten Größe werden die inneren Bulben ihre Blätter verlieren und unansehnlich. Spätestens dann wird man überlegen müssen, ob man die Pflanze nicht beim Umtopfen teilt. Man kann die Teilstücke bei anderen Orchideenfreunden gegen neue

Orchideen teilen

Wenn die Pflanze groß genug ist, kann man beim Umtopfen teilen.

Mit einer scharfen Schere das Rhizom durchschneiden.

Man erhält zwei Teilstücke, ein Vorder- und ein Rückstück.

Orchideen eintauschen, um seine Sammlung zu erweitern oder sie weitergeben, um andere Leute für sein Hobby zu begeistern. Ein anderer Gesichtspunkt beim Teilen ist es, seltenere Pflanzen zu erhalten und zu deren Verbreitung beizutragen. Nicht selten kommt es vor, dass eine Pflanze in der eigenen Sammlung eingeht. Dann freut man sich sicherlich, wenn man von einem anderen Liebhaber, bei dem inzwischen wieder eine „teilungsfähige" Pflanze herangewachsen ist, ein Teilstück zurückbekommen kann. Vor allem Hybriden und prämierte Einzelstücke lassen sich ja meist nur durch Teilstücke „sortenrein" vermehren. Leider sind viele der aus früheren Zeiten stammenden alten *Cattleya*- und *Dendrobium*-Kreuzungen unwiederbringlich verschwunden, weil niemand durch Teilung für „Nachwuchs" gesorgt hat.

Man sollte natürlich nur kräftige und gesunde Pflanzen teilen. Dann wachsen auch die Teilstücke schnell an und gelangen bald zur Blühreife. Bei einigen Orchideen wie zum Beispiel bei *Bulbophyllum* oder *Cirrhopetalum* kann man schon im Jahr vor der geplanten Teilung dafür sorgen, dass jedes Teilstück einen Fronttrieb hat, mit dem es

sofort weiterwachsen kann, indem man an der Stelle, an der man später teilen will, das Rhizom zu etwa einem Drittel mit einem sterilen Messer anschneidet. Die Bulbe vor diesem Schnitt aktiviert meistens einen ihrer ruhenden Vegetationspunkte und bildet einen neuen Trieb, der nach der Teilung der neue Fronttrieb des hinteren Teilstücks wird. Auch monopodial wachsende Orchideen wie die meisten Vandeen lassen sich teilen. Entweder bilden sie Seitentriebe, die sich bewurzeln, oder man sorgt durch eine Manschette aus feuchtem *Sphagnum*-Moos dafür, dass der Haupttrieb Seitenwurzeln bildet. Er kann dann unterhalb der Wurzeln gekappt und getrennt eingetopft werden. Da diese Prozedur nicht ganz risikolos ist, sollte man sie nur durchführen, wenn eine solche *Vanda* entweder sehr groß geworden ist oder im unteren Bereich die Blätter verloren hat.

Vor allem bei bestimmten *Phalaenopsis*-Arten und deren Hybriden kommt es häufig vor, dass sich am Blütenstiel Jungpflanzen (so genannte „Kindel") bilden. Man beobachtet dies auch häufig bei verschiedenen *Dendrobium*-Arten. Wenn die Wurzeln dieser Kindel etwa fingerlang sind, kann

man das Kindel abtrennen und in einen eigenen Topf setzen. In der ersten Zeit brauchen diese Ableger eine etwas höhere Luftfeuchtigkeit, da die Wurzeln noch nicht ganz ausreichen, um die Pflanze zu versorgen und erst neue Wurzeln gebildet werden müssen. Man sollte aber trotzdem nicht, wie häufig beschrieben, eine klare Plastiktüte über den Topf stülpen, da hier schnell die Luft stockig werden kann. Besser stellt man den Topf in ein nach oben offenes Glasgefäß.

Tipp

Der günstigste Zeitpunkt zum Teilen ist das Frühjahr, wenn die Pflanze ihren Wachstumszyklus neu beginnt (zusammen mit dem notwendigen Umtopfen).

Je größer die Teilstücke sind, desto besser wachsen sie wieder an.

Immer versuchen, mindestens blühstarke Teilstücke zu erhalten (mindestens drei bis vier Pseudobulben).

Auch einzelne, blattlose Bulben können bei *Cymbidium* oder *Lycaste* neu austreiben, es dauert aber mehrere Jahre, bis sich eine blühfähige Pflanze daraus entwickelt.

Orchideen aussäen

Der Lebenszyklus der Orchidee beginnt, wie bei allen Blüten-pflanzen, mit einem Samenkorn. Allerdings besitzen Orchideen-samen kein Nährgewebe und sie sind zur Keimung darauf angewiesen, dass sie von einem Symbiosepilz oder unter sterilen Bedingungen von einem Nährboden mit Nährstoffen versorgt werden, bis sie selbstständig leben können.

In der Anfangszeit der Orchideen im frühen 19. Jahrhundert schlugen alle Versuche fehl, die Pflanzen aus den reichlich und leicht zu bekommenden Samen zu ziehen. Es wollten sich keine Erfolge einstellen. Die Zucht und die Hybridisierung von Orchideen konnten erst richtig starten, als man die Abhängig-keit der Orchideen von ihrem Symbiosepilz entdeckte. Die ersten Experimente wurden durchgeführt, in dem man die Samen auf den Wurzeln der Mutterpflanze aussäte. Erst dann waren die ersten Jungpflanzen zu sehen. Auf diese Weise war die Zahl der Jungpflanzen natürlich immer sehr begrenzt. Erst mit der Entwicklung der keimfreien Aussaatmedien, die alle Nähr-stoffe enthalten, die in der Natur vom Pilz zur Verfügung gestellt werden, konnten Orchideen in größerer Stückzahl vermehrt werden. Leider ist diese Art der Orchideen-vermehrung ohne eine entsprechende Laborausrüstung kaum möglich. Zwar gibt

es Methoden, die Aussaat und das mehr-fache Umlegen der Sämlinge steril über Dampf durchzuführen, dabei muss man aber immer mit Rückschlägen rechnen. Einfacher ist es, die Samenkapseln in ein professionelles Aussaatlabor in einer Orchi-deengärtnerei zu geben, in dem dann alle notwendigen Schritte durchgeführt werden. Die Jungpflanzen müssen nämlich nach der Aussaat mehrfach auf neues steriles Medium umgesetzt werden. Dabei dienen als Kulturgefäße meist sterile Glasflaschen. Orchideen sind also im wahrsten Sinne des

Wortes „Flaschenkinder". Dies bleiben sie auch in den meisten Fällen für mindestens ein bis zwei Jahre. Dann können sie zu meh-reren in so genannte „Gemeinschaftstöpfe" das erste Mal in feinen Pflanzstoff gesetzt werden. Sie werden bis zur Blühreife noch mehrfach umgetopft. Von der Aussaat bis zur Blüte dauert es bei *Phalaenopsis* drei bis vier Jahre, bei anderen Orchideen wie bei *Vanda coerulea* aber bis zu 16 Jahre. *Paphio-pedilum rothschildianum* 'Mt. Millet' soll sogar bis zur Erstblüte 25 Jahre gebraucht haben.

▲ ◄ *Phalaenopsis schilleriana*

◄ Dicht gedrängt stehen die Jungpflan-zen im Aussaatgefäß – der richtige Zeit-punkt zum Pikieren.

Ein solcher Aufwand lohnt sich natürlich nur bei bestimmten Pflanzen, und man sollte die Orchideen, die man auf diese Weise vermehren oder als Kreuzungspartner für eine neue Hybride einsetzen möchte, sehr sorgfältig auswählen. Die meisten Orchideengärtner und die Aussaatlabors sind dem Orchideen-Liebhaber hierbei gern behilflich. Orchideensamen ist staubfein und jede Samenkapsel produziert Millionen von Samen. Für die sterile Aussaat muss er mit Chemikalien behandelt und sterilisiert werden. Das beeinträchtigt teilweise die Keimfähigkeit ganz beträchtlich und ist zusätzlicher Arbeitsaufwand. Die meisten Labors nehmen daher lieber die fast reifen, noch grünen Samenkapseln, um die darin enthaltenen Samen auszusäen. Die Samenkapseln lassen sich leichter sterilisieren als die Samen und die Gefahr der Kontamination ist auf diese Weise erheblich geringer. Wie lange eine Samenkapsel bis zur Ernte an der Pflanze verbleiben muss, ist von Art zu Art unterschiedlich. Auch hier kann man davon ausgehen, dass die Labors über genügend Erfahrungen verfügen und den Liebhaber dabei gern beraten. Vor allem Labors, die an eine Gärtnerei angeschlossen sind, haben häufig ein besonderes Interesse daran, auch seltenere Pflanzen zu vermehren und einen Teil der Sämlinge selbst zu vermarkten.

Eine weitere Methode der Vermehrung, die ebenfalls nur im Labor möglich ist, wird als „Meristemisierung" bezeichnet. Dabei werden undifferenzierte Zellen aus dem Teilungsgewebe eines Neutriebes oder einer Wurzelspitze entnommen und in sterilem Nährmedium zur Bildung von Zellhaufen (Protokormen) angeregt. So lange diese Protokorme in ständiger Bewegung gehalten werden, wachsen die Zellhaufen immer weiter und können in kleinere Protokorme zerschnitten werden. Werden sie auf einen festen Nährboden aufgebracht, entwickeln sie sich zu einer neuen, mit der Mutterpflanze völlig identischen Pflanze, die oft als Meriklon bezeichnet wird.

▲ Sterile Kunststoffbehälter beherbergen tausende junger Orchideen.

▶ Orchideenvermehrung im großen Stil

Probleme

Orchideen sind auch in Kultur sehr unempfindliche Pfleglinge, die nur selten Probleme bereiten. Allerdings sind auch sie nicht völlig immun gegen Krankheiten, Infektionen oder Schädlinge. In vielen Fällen lassen sich diese Schwierigkeiten durch eine Optimierung der Kulturbedingungen beheben. Dennoch ist es wichtig, die Zeichen richtig zu deuten.

In den meisten Fällen lassen sich Erkrankungen der Pflanzen wie zum Beispiel Virenbefall oder Pilzinfektionen oder der Befall mit Schadinsekten auf Kulturfehler oder nicht optimierte Kulturbedingungen zurückführen. Natürlicherweise haben Orchideen eine große Widerstandskraft, die allerdings durch äußere Einflüsse nachlassen kann. Der beste Pflanzenschutz ist also, die Rahmenbedingungen der Kultur

◄ Von aufgebundenen Pflanzen herabtropfendes Wasser kann Blattflecken verursachen.

► Irreparabler Sonnenbrand, verursacht durch fehlende Schattierung im Frühjahr

►► Schildläuse schleichen sich immer wieder ein, sind aber gut zu bekämpfen.

Checkliste

Welche Anzeichen zeigen, dass die Orchidee gesund ist?

► Blütenstand für die Pflanze typisch (aufrecht, überhängend oder hängend) ohne Knicke oder Brüche
► alle Blüten einheitlich groß, Blütenblätter in der richtigen Anordnung und Anzahl und ohne Deformierungen
► kräftige, einheitlich gefärbte Blätter ohne Knitterwuchs oder ungesund aussehende Verformungen
► keine unregelmäßigen braunen oder gelblichen Streifen oder Flecken
► neue Pseudobulben genau so groß oder größer als die älteren Bulben
► Hüllblätter gesund und grün oder, wenn abgestorben, frei von Schädlingen bzw. Schädlingsanzeichen
► Wurzeln silbrig glänzend, wenn in aktivem Wachstum, mit grüner Wurzelspitze
► Wurzelballen gut durchwurzelt, Pflanzstoff nicht zersetzt oder muffig riechend

Kulturfehler und ihre Symptome

Kulturfaktor	Anzeichen, Schädigung
Licht	
Zu hell	Blätter entweder blassgelb oder rötlich braun (Schutzpigmente), „Sonnenbrand" (abgestorbene, braune Flächen)
Zu dunkel	Blätter dunkelgrün, ganze Pflanze schlaff, kraftlos, häufig deformierter Wuchs
Temperatur	
Zu kalt	Kein oder geringes Wachstum, Neutriebe oder neue Blätter bleiben klein, keine Blüte
Zu warm	Blätter schlaff, manchmal blassgrün, kein gutes Wachstum
Wasser	
Zu wenig Wasser	Blätter welk und trocken, manchmal „Ziehharmonikawuchs" der Blätter, Wurzelballen zu leicht und zu trocken
Zu viel Wasser	Wurzeln geschädigt, Pflanzstoff zersetzt, riecht muffig, Blätter schlaff und eingefallen
Düngung	
Zu wenig Dünger	Pflanzenwachstum schwach, ungesunde Blattfarbe, keine Blüte
Zu viel Dünger	Wurzelschäden, daraufhin häufig schlaffe, eingefallene Blätter, braune Blattspitzen
Luftfeuchtigkeit	
Zu niedrig	„Ziehharmonikawuchs" der Blätter, Wuchsdeformationen an Blättern und Bulben, Verkleben der Hüllblätter, Trieb „bleibt stecken", vermehrt klebrige Tropfen an Blatträndern und Blütenstielen
Zu hoch	schlaffe, kraftlose Blätter, häufig Flecken an Blättern und Bulben durch Pilzinfektion

so gut wie möglich mit den Ansprüchen der Orchideen in Einklang zu bringen. Ein wesentlicher Faktor ist dabei natürlich, Krankheitserreger und Schädlinge von den Pflanzen fern zu halten (was natürlich auch Bestandteil einer guten Kulturführung ist). Die Sauberkeit des Kulturraums und der verwendeten Gerätschaften gehört dazu ebenso wie regelmäßige Inspektionen auf Schädlinge und Krankheiten hin oder Vorsichtsmaßnahmen wie Quarantäne von neuen Pflanzen und die behutsame Auswahl von zu den Orchideen passenden Begleitpflanzen. Auch hier gilt: Vorbeugen ist besser als Heilen.

▲ *Vanda* Marisaki

Erkrankungen durch Bakterien, Pilze und Viren

Die häufigsten Ursachen von Problemen mit Bakterien, Pilzen und Viren liegen in Infektionen durch Schadinsekten, Verletzungen der Pflanzen oder Arbeiten mit unsterilen Werkzeugen in Verbindung mit nicht optimalen Kulturbedingungen. All diese auf Mikroorganismen zurückzuführenden Krankheiten entstehen nur, wenn es zu einer Infektion kommt und dabei die Rahmenbedingungen für die Orchideen so ungünstig sind, dass sich die Pflanze gegen den Eindringling nicht wehren kann. Häufig findet die Verbreitung der Krankheitserreger über saugende Insekten wie zum Beispiel Blattläuse statt. Da sich diese Insekten sehr schnell von Pflanze zu Pflanze ausbreiten, nehmen sie die Krankheitserreger dabei mit und infizieren so schnell den gesamten Bestand. Die ist besonders gefährlich, weil die meisten Krankheitserreger nicht spezifisch für eine Pflanzengruppe sind, sondern sich in allen Pflanzenarten vermehren können. Dies gilt ganz besonders für Pilzerkrankungen.

Virosen

Besonders gefürchtet sind bei Orchideenliebhabern die Virus-Infektionen zum Beispiel mit Cymbidium- oder Tabak-Mosaikvirus. Gesunde Pflanzen können diese Viren in sich tragen, ohne dass sie sich nach außen hin zeigen (ähnlich wie beim Schnupfen-Virus beim Menschen:

Wir tragen ihn fast das ganze Jahr mit uns herum, aber einen akuten Schnupfen haben wir nur, wenn wir gesundheitlich ohnehin angeschlagen sind.). Die Übertragung kann hier sowohl durch Schadinsekten als auch durch Arbeiten mit nicht ausreichend sterilisiertem Werkzeug beim Umtopfen und Teilen der Pflanzen passieren. Eine Heilung gibt es hierbei nicht. Kein bekanntes Mittel hilft gegen Viren. Man muss die Pflanzen entweder vernichten oder eben damit leben, dass man eine infizierte

Pflanze hat. Solche Pflanzen gehören nicht auf den Kompost im Garten sondern in den Hausmüll, damit es zu keiner weiteren Verbreitung der Krankheit kommt. Virusinfizierte Pflanzen haben beispielsweise auf Orchideen-Ausstellungen nichts zu suchen!

Pilzkrankheiten

Einer der wesentlichen Gründe für die Ausbreitung von Pilzkrankheiten ist eine zu feuchte Kultur bei einem Mangel an Luftaustausch und Frischluft. Auch in diesem

Fall ist die Orchidee geschwächt und kann sich gegen die Ausbreitung der Pilzerkrankung nicht wehren. Ist es erst einmal so weit gekommen, helfen nur der gezielte Einsatz von Fungiziden und (natürlich!) eine Verbesserung der Kulturbedingungen. Im Wurzelbereich ist bei zu feuchter Kultur häufig *Fusarium, Cylindrocarpon* oder *Cylindrocladum* als Schadpilz zu finden, der anfangs das Velamen befällt, sich aber rasch über die ganze Wurzel ausbreitet und so auch in die oberirdischen Teile der Pflanze eindringt. Wenn dies geschehen ist, kann man die Pflanze meist nicht mehr retten. Auch gegen *Pythium* und *Phytophthora* gibt es außer Vorbeugen kein wirksames Mittel. Diese Pilze dringen meist an Einstichstellen und Verletzungen in das Blatt der Orchidee ein oder sie befallen frisch auspikierte Jungpflanzen. Sie äußern sich durch dunkelbraune oder schwarze Flecken auf den Blättern und Bulben, die sich durch einen gelben Rand vom gesunden Gewebe abgrenzen. Ist der Befall lokal begrenzt, kann man die befallenen Pflanzenteile entfernen und darauf hoffen, dass sich der Pilz nicht weiter ausbreitet. Vor allem hartlaubige Orchideen wie *Cattleya, Dendrobium* oder *Vanda* werden leicht von *Phyllosticta* befallen. Meist hängt auch dieser Befall mit einer Kultur in zu hoher Luftfeuchtigkeit und stehender Luft zusammen und tritt besonders häufig im Winter auf, wenn weniger gelüftet wird. Ein wirksames Gegenmittel gibt es auch hier nicht, meist erholen sich die Pflanzen aber bei einer Verbesserung der Kulturbedingungen rasch wieder. Die hässlichen Flecken und Streifen auf den Blättern bleiben allerdings erhalten, und auch den Pilz wird man so schnell nicht wieder los.

Bakteriosen

Bakteriosen entstehen immer dann, wenn Wasser auf Blättern oder in Blattachseln längere Zeit stehen bleibt. Das Gewebe wird hier schwammig und glasig und färbt sich meist bräunlich oder schwarz. Häufig bemerkt man den Schaden erst, wenn es zu spät ist. Ist das Herz einer *Phalaenopsis* oder eines Frauenschuhs erst einmal zerstört, gibt es meist für die Pflanze bzw. für diesen Trieb keine Rettung mehr. Wenn man darauf achtet, dass Wasser rasch verdunsten kann und eine genügende Luftbewegung stattfindet, hat man mit diesem Problem wenig Schwierigkeiten. Es tritt vor allem in Vitrinen und in Kleingewächshäusern auf, in denen die Lüftung nicht ausreicht.

▲ *Botrytis* (Grauschimmel) verursacht unschöne Flecken auf zarten Blüten.

◄ Massiver Befall mit Schwarzfäule. Diese Pflanze sollte vernichtet werden, damit sich der Befall nicht weiter ausbreitet.

◄◄ Blattvergilbungen können auch bakterielle Ursachen haben.

Tierische Schädlinge

Die tierischen Schädlinge lassen sich in drei Gruppen einteilen: Die erste Gruppe schädigt eigentlich nicht die Pflanze. Sie lebt im und vom Pflanzstoff und beschleunigt seine Zersetzung. Hierzu gehören Asseln, Silberfischchen und Fadenwürmer, die sich allesamt vor allem bei hoher Luftfeuchtigkeit und dunkler, kühler Umgebung wohl fühlen. Sie kommen nur nachts heraus, und man bekämpft sie wirksam, in dem man die Pflanzen etwas trockener hält und die Tiere absammelt. Asseln und Silber-

fischchen sammeln sich beispielsweise gern unter ausgelegten halbierten Kartoffeln. Kellerasseln können aber an frischen Wurzelspitzen auch erhebliche Fraßschäden anrichten.

Schnecken und andere Fraßfeinde

Die zweite Gruppe tierischer Schädlinge umfasst alle diejenigen, die Pflanzenteile oder ganze Pflanzen anfressen. Die übelsten Gesellen sind hier die Schnecken. Sie haben

scheinbar ein besonderes Faible für Knospen, Jungtriebe und besonders teure Pflanzen. Althergebrachte Abwehrmittel wie Schneckenkorn wirken meist gegen Nacktschnecken nicht mehr. Die wirksamsten Methoden sind auch hier Vorbeugung und Absammeln. Im Gewächshaus hat man großes Glück, wenn sich Frösche oder

▼ Stehen die Pflanzen nicht zu dicht im Bestand, können sich Schädlinge nicht so schnell ausbreiten.

Kröten einquartieren, denn sie halten eine Schneckenplage besonders wirksam in Schach. In der Wohnung wird man hier wahrscheinlich auf den Widerstand der Mitbewohner treffen, abgesehen davon, dass zweifelhaft ist, ob sich die Amphibien hier wohl fühlen.

Saugende Schädlinge

Die größten Probleme verursacht die dritte Gruppe der tierischen Schädlinge. Es handelt sich um die saugenden Insekten. An erster Stelle sind hier die Blattläuse zu nennen, die sich rasend schnell vermehren und großen Schaden anrichten können. Ihrer kann man sowohl durch den Einsatz von Insektiziden auf Pyrethrum-Basis als auch durch Abduschen der Pflanzen Herr werden. Viele kleine Orchideenarten sind aber gegen Pyrethrum-Präparate empfindlich. Hier gilt: an einer Testpflanze ausprobieren, bevor der ganze Bestand behandelt wird. Ein weiteres Problem ist, dass Blattläuse vor allem im Sommer auftauchen, wenn eine gute Belüftung wichtig ist, die einen Befall mit ihnen fördert. Da sie fliegen können, dringen sie durch die offenen Fenster ein. Man muss also ständig auf der Hut vor ihnen sein. Glücklicherweise sind sie leicht sichtbar. Sie tarnen sich nicht und saugen offen an den Pflanzenteilen. Besonders häufig treten sie an Stellen wie Blütenstielen oder Neutrieben auf, an denen das Gewebe weich ist und sie die Saft führenden Gefäße leicht erreichen können. An der Blattunterseite ist der Lieblingsplatz von Schildläusen. Man sieht die bräunlichen runden bis ovalen Schilde, unter denen sich die sehr kleine Tiere und ihre Brut befinden. Wenn man diese Schilde einfach abstreift, hilft man den Tieren sogar noch bei der Vermehrung, indem man die Jungtiere und die Eier über die gesamte Blattfläche verteilt. Wenn man dagegen mit einem Wattestäbchen Speiseöl auf den Schild auftupft, ersticken die Plagegeister darunter und man kann den Schild ein paar Tage später mit einer Zahnbürste und etwas Seifenlauge entfernen.

Gleiches gilt auch für die Woll- oder Schmierlaus, die sich in ihren weißen watteartigen Gespinsten aus einem wachsartigen Material gern auf der Blattunterseite, unter Hüllblättern oder im oberen Wurzelbereich der Pflanze versteckt. Der wachsartige Überzug verhindert, dass sie von Spritzmitteln und Insektiziden benetzt werden. Auch hier hilft der „Wattestäbchen-Trick" mit Speiseöl, aber nur, wenn der Befall nicht zu stark ist. Bei sehr starkem Befall hilft nur der Einsatz eines Spritzmittels, das mit Netzmittel versetzt ist. Durch die herabgesetzte Oberflächenspannung ist der Schutz des Wachsgespinstes unwirksam.

Nützlinge

Häufig äußern Orchideen-Liebhaber den Wunsch nach einer biologischen Schädlingsbekämpfung mit Nützlingen. Was in Großgärtnereien und botanischen Gärten erfolgreich eingesetzt wird, kann auf der Fensterbank oder im Kleingewächshaus leider auf Dauer meist nicht funktionieren. Bei der biologischen Schädlingsbekämpfung stellt sich ein Gleichgewicht zwischen Schädlingen und Nützlingen ein und der Befall nimmt dabei lediglich nicht überhand, er wird nicht verhindert. In einer kleinen gemischten Orchideensammlung gibt es aber diese Möglichkeit nicht. Einerseits vermehren sich die Schädlinge so schnell, dass die Nützlinge nicht „hinter-

▲ ▲ Das Vermehrungspotential vieler Schädlinge wie der Schildlaus ist enorm.

▲ Schmierläuse sitzen oft versteckt oder im Wurzelbereich.

herkommen" beziehungsweise der Schaden schon groß geworden ist, bis die Nützlinge sich so weit vermehrt haben, dass sie die Schädlinge bekämpfen können. Andererseits kann sich kein stabiles Gleichgewicht einstellen, denn wenn die Schädlinge vertilgt sind, sterben die Nützlinge. Biologische Schädlingsbekämpfung braucht also eine gewisse Mindestgröße der Anbaufläche, damit sie funktionieren kann, und die ist in einer kleinen Orchideensammlung nicht gegeben.

Orchideen-Porträts

Über Orchideen-Namen

▲ *Epidendrum* – eine Sammelgattung, in der lange alles vereint wurde, was woanders nicht hinein gepasst hat.

Die lateinischen Namen der Orchideen sind für den neuen Liebhaber anfangs sicher etwas ungewohnt. Da aber die meisten Pflanzen aus tropischen Regionen stammen, sind die Namen, die die Pflanzen in ihrer Heimat haben, für uns noch viel ungewöhnlicher. *Stanhopea tigrina* lässt sich sicher leichter aussprechen als der indianische Name *Coatzontecomaxchitl*.

Der „Vater der modernen Botanik" war Carl von Linné. Er führte die heute noch gültige Namensgebung (Nomenklatur) mit einem Gattungs- und einem Artennamen ein und schuf außerdem eine grundlegende Gliederung des Pflanzen- und des Tierreiches. Diese Systematik wurde im Laufe der Zeit weiter entwickelt und verfeinert. Carl von Linné kannte nur wenige Orchideen-Arten und fasste alle epiphytisch wachsenden Orchideen unter dem Namen *Epidendrum* zusammen. Inzwischen ist die Zahl der Arten von einigen Duzend auf mehr als 36.000 Orchideen-Arten angewachsen und es wurde eine Vielzahl von Gattungen geschaffen, um diese Arten zu ordnen. Auch in der grundlegenden Sichtweise der Systematik hat sich vieles verändert und wir befinden uns gerade in einem Stadium der Neu-Orientierung. Während Carl von Linné mit seinem System die Vielfalt der einmaligen göttlichen Schöpfung darstellen und ordnen wollte, wie es dem damaligen Weltbild entsprach, hat die Systematik heute den Anspruch, Verwandtschaftsverhältnisse und Entwicklungsprozesse abzubilden, die aus einer ständigen Veränderung der Arten und aus den Prozessen der Evolution resultieren. Die frühen Botaniker bauten eine „Schubladensystematik" auf, wobei sie in ihre Schubläden hierarchisch geordnet die Gattungen und Arten unterbrachten. Heutige Systematiker versuchen, Gattungen und Arten in Stammbäumen anzuordnen und so die Entwicklungsgeschichte widerzuspiegeln. Was der Liebhaber davon hauptsächlich zu sehen bekommt, ist ein Wechsel vieler Namen, weil die Systematik im Moment dem neuesten Stand der Forschung angepasst wird. Gerade die neuen Methoden der genetischen Untersuchungen führen im Moment dazu, dass die Entwicklung hier rasend schnell voranschreitet und den Liebhaber manchmal etwas ratlos zurücklässt. Viele Orchideenfreunde kümmern sich daher nicht sonderlich darum, was die Taxonomen in ihren vermeintlichen Elfenbeintürmen so treiben. Dennoch lohnt sich die Beschäftigung mit den botanischen Namen, die international gelten.

Immer auf dem aktuellen Stand bleiben

Die Gefahr dabei ist aber, dass man den Anschluss verliert und damit die Basis, sich mit anderen Orchideenliebhaber auszutauschen. Es gibt eine große internationale Gemeinschaft, die sich bei Anlässen wie großen nationalen Orchideenausstellungen oder auf internationalen Kongressen wie dem Europäischen Orchideenkongress (EOC) oder dem Welt-Orchideenkongress (WOC) trifft und austauscht. Ein sehr aktuelles Medium für den Austausch zwischen Orchideenfreunden in aller Welt ist auch das Internet. Damit man aber miteinander reden kann, muss man sich auf einheitliche Begriffe einigen, und das ist der eigentliche Sinn der Namensgebung und der Systematik (Nomenklatur und Taxonomie). Auch Wissenschaftler sind dabei an ein bestimmtes Regelsystem gebunden. Diese Regeln sind festgelegt in der ICBN (Internationaler Codex für die botanische Nomenklatur). So hat jede Pflanze einen eindeutigen Namen, der aus dem Namen der Gattung und dem der Art besteht. Ist eine Pflanze im Laufe der Geschichte zwei Mal oder mehrmals beschrieben worden, gilt der ältere Name. Die übrigen Regeln umfassen die Bedingungen, unter denen eine Pflanzenbeschreibung gültig ist und wie Pflanzennamen entstehen.

Darüber hinaus gibt es internationale Regeln, die sich mit den Namen von Hybriden und besonders herausragenden Pflanzen beschäftigen. Alle Orchideenhybriden werden von der Royal Horticultural Society in London registriert und erhalten dort ihren weltweit gültigen Namen. Bei Hybriden steht nach der Gattung nicht der *kursiv* geschriebene Artnamen sondern der

▲ *Vuylstekeara* Cambria 'Edna Stamperland'

Hybridenname (zum Beispiel *Phalaenopsis* Carmela's Pixie), der nicht mehr als drei Worte enthalten darf und aus einer lebenden Sprache (nicht Griechisch oder Latein) stammen muss. Besonders wertvolle Pflanzen, die bei Bewertungen ein Prädikat erworben haben, bekommen zusätzlich noch eine Kultivarnamen, der nur für diese Pflanze und alle Teilstücke oder Meristeme gilt (zum Beispiel *Vuylstekeara* Cambria 'Edna Stamperland').

Die schönsten Arten und Hybriden

Die Welt der Orchideen ist so vielfältig wie bei kaum einer anderen Pflanzengruppe. Je nachdem, welchem Botaniker man Glauben schenkt, gehören zwischen 20.000 und 36.000 Arten zu dieser Pflanzenfamilie. Hinzu kommen mehr als 120.000 registrierte Hybriden. Natürlich kann hier aus dieser Fülle nur eine sehr kleine Auswahl an Orchideen vorgestellt werden.

▲ *Laelia flava*

▶ *Dendrobium* NTUC Income

Ratschläge für die Kultur von Orchideen zu geben ist immer auch mit einem gewissen Risiko verbunden. Zum einen ist der Ratgebende immer schuld, wenn etwas nicht gelingt, zum anderen können sich die Orchideen in gewissem Maße auf die jeweiligen Kulturbedingungen einstellen. Die wichtigste Regel lautet: „Wenn die Pflanze unter Ihren Kulturbedingungen wächst und blüht, sollten Sie nichts verändern!" Zu jeder der hier vorgestellten Orchideengruppe gehört ein Kulturkalender, der in Symbolen anzeigt, wie die Pflanzen im Laufe des Jahres gern behandelt werden möchten. Natürlich kann sich dieser Kulturkalender verschieben, wenn zum Beispiel

der Sommer einmal länger oder kürzer ausfällt. Die hier gemachten Angaben beruhen auf den Erfahrungen des Autors, aber Orchideen halten sich nicht gern an Regeln. Auch die Herkunft einer neuen Orchidee spielt eine Rolle. In modernen Gewächshäusern lässt sich durch Temperatur und Licht das Wachstum und der Blütezeitpunkt steuern, sodass auch mal eine Pflanze dann blühen kann, wenn man es nicht erwartet.

Kultur-hinweise

Gattung	Wuchsform	Größe (cm)	Kulturmethode	Temperatur	Licht	Fensterbank	Vitrine	im Sommer draußen	Ruheperiode	blühwillig	für Anfänger geeignet
Angraecum, Aerangis	[monopodial]	5–100	[epiphytisch]	t	[heller]	nein	ja	nein	nein	ja	mäßig
Bulbophyllum, Cirrhopetalum	[sympodial]	1–60	[epiphytisch]	t	[schattiger]	z. T.	ja	Mai–Oktober	z. T.	ja	mäßig
Cattleya, Laelia, Encyclia, Epidendrum	[sympodial]	20–100	[Topf]	t	[heller]	ja	nein	Mai–Oktober	Nov.–Februar	ja	gut
Cymbidium, Coelogyne	[sympodial]	50–150	[Topf]	k/t	[heller]	ja	nein	Mai–Oktober	nach der Blüte	nicht immer	ja
Dendrobium nobile	[sympodial]	30–60	[Topf]	k/t	[heller]	ja	nein	Mai–Oktober	nach der Blüte	nicht immer	ja
Dendrobium phalaenopsis	[sympodial]	30–60	[Topf]	w/t	[heller]	ja	nein	nein	z. T.	ja	ja
Lycaste, Anguloa, Maxillaria	[sympodial]	50–100	[Topf]	k	[halbschattiger]	ja	nein	nein	z. T.	ja	mäßig gut
Masdevallia, Dracula, Pleurothallis	[sympodial]	10–30	[Topf]	k	[schattiger]	ja	ja	Mai–Oktober	nein	nicht immer	mäßig
Miltonia, Miltoniopsis	[sympodial]	30–40	[Topf]	k/t	[halbschattiger]	ja	z. T.	Mai–Oktober	z. T.	ja	ja
Odontoglossum, Vuylstekeara, Beallara	[sympodial]	30–100	[Topf]	k/t	[halbschattiger]	ja	nein	Mai–Oktober	nach der Blüte	ja	ja
Oncidium, Wilsonara	[sympodial]	20–100	[Topf]	k/t	[heller]	ja	nein	Mai–Oktober	nach der Blüte	ja	ja
Paphiopedilum, Phragmipedium	[sympodial]	20–50	[Topf]	t	[halbschattiger]	ja	nein	nein	nein	ja	ja
Phalaenopsis, Doritis	[monopodial]	10–30	[Topf]	w/t	[halbschattiger]	ja	z. T.	nein	nein	ja	ja
Vanda, Ascocenda, Aranda	[monopodial]	50–100	[Topf]	w/t	[heller]	ja	nein	Mai–Oktober	nein	ja	ja

Erklärung der Symbole

 monopodialer Wuchs

 geeignet für Topfkultur

 heller Standort

schattiger Standort

 sympodialer Wuchs

 geeignet für epiphytische Kultur

 halbschattiger Standort

Erklärung der Symbole in den Kulturkalendern:

Lichtanspruch

 heller Standort

schattiger Standort

halbschattiger Standort

Temperaturbereich

 kühler Temperaturbereich mit optimaler Nacht- und Tagtemperatur

 kühl-temperierter Temperaturbereich mit optimaler Nacht- und Tagtemperatur

 temperierter Temperaturbereich mit optimaler Nacht- und Tagtemperatur

 temperiert-warmer Temperaturbereich mit optimaler Nacht- und Tagtemperatur

warmer Temperaturbereich mit optimaler Nacht- und Tagtemperatur

Wasserbedarf

kein Symbol — kaum Wasserbedarf, Ruhezeit

 mittlerer Wasserbedarf

wenig Wasserbedarf

hoher Wasserbedarf

Wachstums- und Blühperioden

kein Symbol — kein Wachstum, Ruhezeit

 Blütezeit

 Wachstumsperiode (monopodiale Arten)

 Wachstumsperiode (sympodiale Arten)

Aerangis

Die Heimat dieser Gattung sind das östliche und südliche Afrika und Madagaskar. Die klein bleibenden Epiphyten wachsen überwiegend in den Galeriewäldern entlang der Flüsse auf den äußeren Ästen und Zweigen. Die ledrigen, festen Blätter und die dicken, fleischigen Wurzeln deuten darauf hin, dass diese Pflanzen an Trockenheit angepasst sind und meist aufgebunden besser gedeihen als in Topfkultur. Dennoch müssen sie täglich gesprüht und regelmäßig getaucht werden. Als typische angraecoide (*Angraecum*-ähnliche) Orchidee haben sie einen monopodialen Wuchs mit einem kurzen Stamm, aus dem sich die Blätter meist leicht fächerförmig entwickeln. Die vielblütigen Blütenstände sind relativ lang und hängen zwischen den Blättern herab. Die weißen Blüten haben einen deutlichen Sporn, der von dem hinteren Teil der Lippe gebildet wird und Nektar für die die Blüte bestäubenden Nachtfalter enthält. Die Pflanzen gedeihen im temperierten oder

▲ *Aerangis citrata*

warmen Bereich des Gewächshauses oder der Vitrine. Auch Fensterbankkultur ist mit etwas Aufwand möglich und wegen der Vielzahl der etwa 2 bis 3 Wochen haltenden Blüten sehr lohnend. *Aerangis* ist eng ver-

wandt mit *Angraecum* und den wesentlich kleiner bleibenden *Mystacidium*.

Kulturkalender *Aerangis* und *Angraecum*

Januar	Februar	März	April	Mai	Juni	Juli	August	September	Oktober	November	Dezember
☀️	☀️	☀️	☀️	☀️	☀️	☀️	☀️	☀️	☀️	☀️	☀️
18/22	20/25	20/25	20/25	20/25	20/25	20/25	20/25	20/25	18/22	18/22	18/22
💧	💧	💧	💧	💧	💧	💧	💧	💧	💧	💧	💧
🌸	🌸	🌸	🌿	🌿	🌿	🌿	🌿	🌿	🌿	🌸	🌸

Angraecum

Als der englische Naturforscher Charles Darwin eine Blüte von *Angraecum sesquipedale* in der Hand hielt, fiel ihm der lange Sporn auf, der der Pflanze den Namen gab („sesquipedale" = anderthalb Fuß). Er schloss aus der Tatsache, dass dieser Sporn am Ende Nektar enthielt, dass es einen Nachtfalter geben müsse, der einen so langen Rüssel hat, damit er die Blüte bestäuben kann. Insektenkundler belächelten ihn, bis einige Jahre später ein solcher Schmetterling wirklich gefunden wurde. Er erhielt den zoologischen Namen *Xanthopan morganii praedicta* (= Morgan's vorhergesagter *Xanthopan*). Die Orchidee und der Schmetterling sind seither das Paradebeispiel für eine gemeinsame Evolution von Pflanzen und Tieren. Die aus Ostafrika und Madagaskar stammende Gattung umfasst terrestrisch, lithophytisch oder epiphytisch wachsende Arten mit recht variabler Größe. Einige Arten wie *Angraecum sesquipedale* sind einfach zu kultivieren und sogar für die Fensterbank geeignet, während andere wie *Angr. vigueri* auch erfahrenen Liebhabern Schwierigkeiten bereiten. Wegen der Größe kommt für die meisten Arten nur Topfkultur in Frage. Die einfacher zu kultivierenden Arten sind wegen ihrer 5 bis 20 cm großen Blüten und auch wegen des angenehmen abendlichen Dufts sehr zu empfehlen.

▲ *Angraecum vigueri*

▶ *Angraecum eburneum*

Bulbophyllum

▲ **Bulbophyllum deari**

◄ **Bulbophyllum sulawesi**

Die Gattung *Bulbophyllum* ist eine der artenreichsten Orchideengattungen. Sie hat ein sehr weites Verbreitungsgebiet von Südamerika über Afrika bis Südostasien und Australien. Versuche, die Gattung zu überarbeiten und in mehrere kleine Gattungen zu unterteilen, sind teilweise an der unübersichtlich großen Artenzahl gescheitert. Als eine der wenigen Gattungen, die allgemein Anerkennung gefunden hat, gilt die in Südostasien und Australien verbreitete Gattung *Cirrhopetalum*. Die meisten Arten dieser sympodial wachsenden Orchideen lieben die Kultur an Rindenstücken oder auf Ästen beziehungsweise in Lattenkörbchen, da sie teilweise recht große Abstände zwischen den Bulben haben. Die meist kugeligen Pseudobulben tragen ein bis zwei derbe Blätter. Die häufig eher interessant als schön aussehenden Blüten werden in vielen Fällen von Fliegen bestäubt und verbreiten manchmal einen recht unangenehmen Duft. (Von *Bulbophyllum beccarii* heißt es, dass es nur zwei Abbildungen gibt, da die Zeichner vom Gestank ohnmächtig geworden sind.) Typisch für alle Arten ist die stark bewegliche Lippe, die manchmal mit seltsam geformten Anhängen versehen ist und häufig beim leisesten Windhauch zittert oder schaukelt.

Cirrhopetalum

Die etwa 120 Arten dieser Gattung stammen aus Südostasien und haben ihren Verbreitungsschwerpunkt in Indonesien, auf den Philippinen und auf Papua-Neuguinea. Sie bevorzugen im temperierten Bereich die Kultur in flachen Schalen, da sie sich gern ausbreiten und rasch zu großen Schaupflanzen heranwachsen, die eine gute Kultur dann mit zahlreichen langen, vielblütigen Blütenständen belohnen. Die Einzelblüten sind meist nur klein und verbreiten nicht immer einen angenehmen Duft, wirken aber durch ihre große Zahl sehr dekorativ. Die Pflege der sympodial mit dicht stehenden, einblättrigen Bulben wachsenden Orchidee ist relativ problemlos, wenn man die Pflanzen nicht zu viel gießt. Die kleineren und mittelgroßen Arten eignen sich gut für die Kultur in Vitrinen und auf der Fensterbank, während die großen Arten schon wegen des Geruchs der Blüten für die Wohnung weniger gut geeignet sind. Am Naturstandort wachsen die

▲ *Cirrhopetalum picturatum*

Pflanzen überwiegend epiphytisch, manchmal auch lithophytisch an Bachläufen oder am Rand von Lichtungen. Ein ähnliches Aussehen der Pflanzen findet man bei der mit *Coelogyne* verwandten Gattung *Pholidota*, die in einem etwas anderen Verbrei-

tungsgebiet (Südchina, Indochina, Malaysia, Papua-Neuguinea) ähnliche Lebensräume besiedelt und auch ähnliche Ansprüche hat.

Kulturkalender *Bulbophyllum* und *Cirrhopetalum*

Januar	Februar	März	April	Mai	Juni	Juli	August	September	Oktober	November	Dezember
12/18	12/18	14/20	14/20	18/22	18/22	18/22	18/22	14/20	14/20	12/18	12/18

Cattleya

Für viele Liebhaber sind die Pflanzen aus der Gattung *Cattleya* der Inbegriff der Orchidee schlechthin. Als 1820 *Cattleya labiata* als erste großblütige *Cattleya* von Dr. John Lindley in der *Collectanea botanica* beschrieben wurde, löste dies die große „Orchidomanie" des frühen 19. Jahrhunderts aus. Um diese Pflanze rankt sich die hübsche Anekdote, dass die ersten Bulben dieser Pflanze als „Verpackungsmaterial" in einer Kiste mit seltenen Farnen aus Brasilien nach England kamen. Als Herr William Cattley dann durch seine Gewächshäuser ging, fand er eines Tages wunderschöne große rosa-violette Blüten unter den Bänken, weil sein Gärtner offensichtlich das „Verpackungsmaterial" nicht richtig entsorgt hatte. Sicherlich ist dies nur eine nette Legende, denn dem Sammler in Brasilien dürften die großblütigen Pflanzen sicherlich bekannt gewesen sein. Im Laufe der Zeit wurden zahlreiche weitere Arten entdeckt, die man in die großblütigen, aber wenigblütigen einblättrigen (unifoliaten) und die kleinerblütigen, dafür aber vielblütigen zweiblättrigen (bifoliaten) Cattleyen unterteilen kann. Die aus Mittel- und Südamerika stammenden Pflanzen lassen sich in allen Kulturräumen im temperierten Bereich pflegen, wobei die Topfkultur vorzuziehen ist und die unifoliaten Cattleyen es allgemein etwas kühler mögen. Es gibt inzwischen eine unübersehbare Zahl von reinen *Cattleya*-Hybriden und Mehrgattungshybriden mit *Laelia, Sophronitis, Epidendrum* und anderen verwandten Gattungen. Zahlreiche Kreuzungen wurden speziell für die Kultur auf der Fensterbank gezüchtet.

◀ *Cattleya*-Hybride

▲ ▲ *Laeliocattleya* White Spark 'Panda'

▲ *Laeliocattleya* Alma Kee

◀ *Cattleya*-Hybride (Semi-alba-Form)

Kulturkalender unifoliate *Cattleya*-Arten und -Hybriden

	Januar	Februar	März	April	Mai	Juni	Juli	August	September	Oktober	November	Dezember
Temperatur	8/15	8/15	12/18	12/18	14/20	14/20	14/20	14/20	14/20	14/20	12/18	8/15

Da die Grenzen zwischen den Gattungen in der *Cattleya*-Verwandtschaft teilweise sehr fließend sind, ist es sicherlich nicht weiter verwunderlich, dass es eine große Zahl von Mehrgattungshybriden mit *Cattleya* gibt. Die ersten Kreuzungen mit einer anderen Gattung waren die *Laeliocattleya*-Hybriden. Um den Kreuzungen mehr Farbe zu geben,

wurde auch *Sophronitis coccinea* verwendet. Mit *Cattleya* entstehen *Sophrocattleya* und mit *Laeliocattleya Sophrolaeliocattleya*. Eine andere Gattung, die Farbe ins Spiel brachte, war *Epidendrum* und so entstand *Epicattleya*. Vor allem die interessant geformte Lippe von *Brassavola digbyana* (heute *Rhyncholaelia digbyana*) veranlasste die Züchter zu den *Brassocattleya*-Kreuzungen. Irgendwann werden aber die so entstehenden Namen etwas unübersichtlich, und daher gibt man Hybriden mit mehr als drei Eltern-

gattungen einen neuen Namen, der auf „ara" endet. So heißt die Kreuzung aus *Cattleya, Laelia, Sophronitis* und *Brassavola* „Potinara". Auch bei der Züchtung von Orchideen gibt es Mode-Erscheinungen und Trends. Waren es in den Anfängen die großblumigen Hybriden der einblättrigen Cattleyen, die im Trend lagen, sind sie heute fast völlig zugunsten der kleinwüchsigen, vielfarbigen Mehrgattungshybriden verschwunden, die sich problemlos auf der Fensterbank kultivieren lassen.

▲ ▲ *Laeliocattleya* Chit Chat 'Tangerine'

▲ *Laeliocattleya* Gold Digger

▶ *Cattleya intermedia*

◄ *Cattleya* Candy Tuff. Moderne Mini-Cattleyen eignen sich besonders gut zur Kultur auf der Fensterbank und blühen manchmal sogar zweimal im Jahr.

Kulturkalender bifoliate *Cattleya*-Arten und -Hybriden

Januar	Februar	März	April	Mai	Juni	Juli	August	September	Oktober	November	Dezember
12/18	12/18	12/18	14/20	14/20	18/22	18/22	18/22	14/20	14/20	12/18	12/18

Laelia

▲▲ *Laelia anceps* var. *sanderiana*

▲ *Laelia rubescens*

◄ *Laelia kautskyi*

Die Gattung *Laelia* verdankt ihren Namen einem römischen Feldherrn. Die 59 Arten verteilen sich auf Mexiko und Mittelamerika einerseits und Brasilien andererseits. Die weit auseinander liegenden Verbreitungsgebiete spiegeln sich im sehr unterschiedlichen Aussehen der Pflanzen. Das Spektrum reicht von den nur wenigen Zentimetern großen Steinlaelien Brasiliens bis zu den mit Blütenstand leicht 1,50 m

hohen *Laelia anceps* aus Mexiko. Während die Blüten von *Laelia lundii* gerade den Durchmesser einer 2-Euro-Münze haben, kann die „Königin der Orchideen" *Laelia purpurata* mehr als 20 cm Spannweite haben. Auch die Lebensräume der verschiedenen Gruppen sind sehr unterschiedlich. Die mexikanischen Laelien um *Laelia anceps* und *L. autumnalis* wachsen als Epiphyten in von deutlichen Jahreszeiten geprägten Eichenwäldern. Die kleinwüchsigen *Laelia pumila* und *L. dayana* dagegen leben in feuchten Urwäldern in den Baumkronen. Die Steinlaelien wie *Laelia lucasiana* oder *L. pfisteri* wiederum leben lithophytisch in mitunter sehr trockenen Regionen. *Laelia purpurata* wächst epiphytisch und terrestrisch in den Küstenwäldern Südbrasiliens in einem mäßig feuchten Klima mit jahreszeitlich schwankenden Niederschlägen. Mit der Gattung *Laelia* wurden inzwischen zahlreiche Kreuzungen gezüchtet. 52 Mehrgattungshybriden tragen eigene Gattungsnamen, von denen die komplexeste, *Johnyeeara*, aus den 6 Gattungen *Laelia*, *Brassavola*, *Cattleya*, *Epidendrum*, *Schomburgkia* und *Sophronitis* gekreuzt wurde. Die Vielzahl der registrierten Hybriden hat bisher auch Tendenzen behindert, die einzelnen Gruppen in eigene Arten aufzuspalten. Gerade in neuerer Zeit haben genetische Untersuchungen zu solchen Versuchen geführt. Bisher haben sich diese Neubenennungen altbekannter Pflanzen nicht durchgesetzt. Namen wie *Hoffmannseggella milleri* statt *Laelia milleri* oder *Sophronitis purpurata* statt *Laelia purpurata* bleiben uns bislang erspart. Ärgerlich ist es, wenn man für viel Geld unter einem neuen Namen eine Pflanze kauft, die man eigentlich unter dem alten Namen schon lange Zeit kultiviert hat.

▶ *Laelia purpurata* var. *flamea* 'Claudio Deschamps'

Kulturkalender mexikanische *Laelia*-Arten

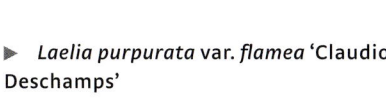

	Januar	Februar	März	April	Mai	Juni	Juli	August	September	Oktober	November	Dezember
Temperatur	12/18	12/18	12/18	12/18	14/20	14/20	14/20	14/20	14/20	14/20	12/18	12/18

Brassavola und *Sophronitis*

Unter den zahlreichen Gattungen, mit denen *Cattleya* und *Laelia* gekreuzt wurden, spielen für den Amateur die beiden Gattungen *Sophronitis* und *Brassavola* eine besondere Rolle. Die kleinen Juwelen wie *Sophronitis coccinea* oder *Sophronitis brevipedunculata* haben nicht nur viel Farbe in die Hybriden gebracht, sie sind auch selbst

▶ *Rhyncholaelia glauca*

▼ *Brassavola* Little Star

Kulturkalender *Brassavola* und brasilianische *Laelia*-Arten

Januar	Februar	März	April	Mai	Juni	Juli	August	September	Oktober	November	Dezember

◀ *Sophronitis mantiqueirae*

▼ *Sophronitis cernua*

dankbare Pfleglinge, aber leider nur für den erfahrenen Liebhaber. Die aus den kühlen Gebirgsregionen des nordöstlichen Brasilien stammenden Epiphyten sind leider recht anspruchsvoll und lassen sich nur im kühlen Gewächshaus oder einer kühlen Vitrine erfolgreich kultivieren. Die aus Südbrasilien und Paraguay stammende *Soph. cernua* dagegen gedeiht auch im temperierten Bereich, lässt sich wie die Arten der Gattung *Leptotes* nur aufgebunden auf Holz oder Korkrinde kultivieren.

Die Arten der Gattung *Brassavola* zeichnet sich durch eine außergewöhnlich große und interessant geformte Lippe aus, die sie auch an ihre Nachkommen weitergeben. Allerdings sind sie auch, für sich genommen, sehr dankbare Pfleglinge, die zu einem großen Teil auch auf der Fensterbank gedeihen. Einer der wichtigsten Kreuzungspartner in der *Cattleya*-Züchtung war *Brassavola digbyana*, eine Pflanze, die heute als *Ryncholaelia dygbyana* bekannt ist. Sie hat eine stark gefranste Lippe, die sich in vielen

▲ *Leptotes bicolor*

▶ *Brassolaelia* Morning Glory

Brassocattleya-Hybriden wieder findet. Leider braucht sie sehr viel Licht und kommt bei uns wie ihre Verwandte *R. glauca* nur selten zur Blüte. Andere Arten wie *Brassavola nodosa* gedeihen auf der Fensterbank bei Topfkultur, wenn ihnen auch die aufgebundene Kultur wegen ihres gern überhängenden Wuchses besser gefällt. Viele Arten bestechen durch einen angenehmen abendlichen Duft, mit dem sie in der Natur Nachtfalter zur Bestäubung anlocken.

Epidendrum und *Encyclia*

◄◄   *Epidendrum radi-cans*

◄   *Encyclia cochleata*, wird manchmal unter dem treffenden, aber falschen Namen „Octo-pussy" verkauft. Neuerdings werden diese Pflanzen der Gattung *Prostechea* zugeordnet.

◄◄   *Epidendrum pseudepidendrum*

◄   *Encyclia vitellina* (heute *Prostechea*)

Als Carl von Linné, der „Vater der modernen Systematik" das Pflanzenreich neu ordnete, fasste er alle auf Bäumen wachsenden Orchideen unter dem Namen „Epidendrum" (= auf Bäumen lebend) zusammen. So wurde beispielsweise auch die heute als *Phalaenopsis amabilis* bekannte Orchidee als *Epidendrum amabilis* beschrieben. Inzwischen wissen wir natürlich weitaus mehr über Orchideen und fassen heute unter dieser Gattung nur bestimmte, aus Süd- und Mittelamerika stammende Orchideen zusammen. Dennoch ist die Gattung *Epidendrum* auch heute noch ein Sammelsurium von sehr unterschiedlichen Pflanzen, die ein Gegenstand aktueller Forschung ist. Wegen ihrer großen Artenzahl wird eine (dringend notwendige) Revision zur Zeit noch intensiv diskutiert.

Lange Zeit war auch die Gattung *Encyclia* Teil von *Epidendrum*. Es handelte sich hier um eine Art „Sammelgattung innerhalb einer Sammelgattung", denn auch *Encyclia* ist sehr vielfältig in Wuchs und Blütenform. Allerdings schufen bisher alle Versuche, einzelne Gruppen als neue Arten auszugliedern, mehr Verwirrung als Ordnung. Vor allem die Arten um *Encyclia cochlaeta* und *Enc. fragrans* sind aber wegen ihrer leichten Kultur und wegen der etwas bizarren Blüten sehr empfehlenswerte Fensterbank-Orchideen.

◀ *Epidendrum stamfordianum*

▼ *Epicattleya* Fireball

Kulturkalender *Epidendrum*-Hybriden

Januar	Februar	März	April	Mai	Juni	Juli	August	September	Oktober	November	Dezember
☀	☀	☀	☀	☀	☀	☀	☀	☀	☀	☀	☀
14/20	14/20	18/22	18/22	20/25	20/25	20/25	20/25	20/25	18/22	18/22	14/20

Coelogyne

Früher galt *Coelogyne cristata* als ideale Anfänger-Orchidee. Damals gab es allerdings noch keine Zentralheizung oder Thermopenscheiben und die Fensterbänke waren sehr kalt. Weil sie aber gerade das sehr liebt, bekommen die meisten Liebhaber diese Orchidee heute kaum noch zum Blühen, was sehr schade ist, denn wenn man die Pflege im Griff hat, ist diese Pflanze eine besonders dankbare Zimmer-Orchidee. Es gibt aber eine ganze Palette weiterer *Coelogyne*-Arten, die entsprechend ihrem Verbreitungsgebiet von Sikkim und Assam in Nordindien über Indochina, Malaysia, Indonesien und die Philippinen bis nach Papua-Neuguinea sehr unterschiedliche Lebensräume besiedeln und auch sehr unterschiedliche Ansprüche an die Kultur stellen. Die meisten Arten sind mit der Kultur in Töpfen zufrieden und eine Reihe von Arten gedeiht auch auf der Fensterbank. Bei manchen davon scheiden sich die Geister aber am Duft der Blüten, wie zum Beispiel bei *Coelogyne flaccida*. Die eher warm zu kultivierenden Arten aus den Tiefland-Regionen wie zum Beispiel *Coel. pandurata*

◀ *Coelogyne cristata*

Kulturkalender *Coelogyne cristata*

	Januar	Februar	März	April	Mai	Juni	Juli	August	September	Oktober	November	Dezember
Temperatur	8/15	8/15	12/18	12/18	14/20	14/20	14/20	14/20	14/20	14/20	12/18	8/15

werden meist recht groß und haben einen sperrigen Wuchs. Dafür besitzen sie sehr interessante Blüten. Sie sind vor allem für das warme Gewächshaus geeignet.

▶ *Coelogyne cristata*

▼ *Coelogyne cristata* var. *hololeuca*

▼▼ *Coelogyne flaccida*

Cymbidium

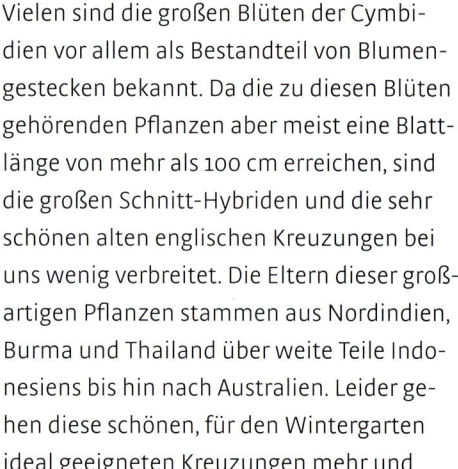

▲ *Cymbidium* Maureen Carter 'Golden Lucky'

◄ *Cymbidium* Sandridge Serene

Vielen sind die großen Blüten der Cymbidien vor allem als Bestandteil von Blumengestecken bekannt. Da die zu diesen Blüten gehörenden Pflanzen aber meist eine Blattlänge von mehr als 100 cm erreichen, sind die großen Schnitt-Hybriden und die sehr schönen alten englischen Kreuzungen bei uns wenig verbreitet. Die Eltern dieser großartigen Pflanzen stammen aus Nordindien, Burma und Thailand über weite Teile Indonesiens bis hin nach Australien. Leider gehen diese schönen, für den Wintergarten ideal geeigneten Kreuzungen mehr und

mehr verloren, weil sie einfach zu groß und nicht mehr zeitgemäß sind. Vereinzelt kommen noch ausgemusterte Exemplare aus der Schnittblumenproduktion in den Handel. Bei guter Pflege können diese Pflanzen aber schnell einen Maurerkübel ausfüllen. Daher gibt es nur wenige Liebhaber der großen Cymbidien. Moderne *Cymbidium*-Hybriden dagegen sind kleiner, recht wüchsig und sehr blühfreudig. Wie ihre großen Schwestern mögen sie eine Sommerfrische im Garten und erfreuen uns bei guter Kultur als Ampel- oder Topfpflan-

zen im Winter über mehrere Monate lang mit ihren zahlreichen Blüten. Man sollte nur im Herbst darauf achten, dass der Klimawechsel zwischen draußen und drinnen nicht zu drastisch ist, weil die Pflanzen sonst dazu neigen, ihre Blüten abzuwerfen. In Asien werden vor allem die chinesischen Arten wie *Cymbidium sinense* oder *Cym. goerengii* seit vielen Jahrhunderten kultiviert. Diese Pflanzen sind aber in der Kultur sehr heikel und schwierig und sollten nur dem erfahrenen Liebhaber vorbehalten bleiben.

Kulturkalender *Cymbidium*

	Januar	Februar	März	April	Mai	Juni	Juli	August	September	Oktober	November	Dezember
Temp °C	8/15	8/15	12/18	12/18	14/20	14/20	14/20	14/20	14/20	14/20	12/18	8/15

▲▲ *Cymbidum* Valley Vampire 'Blood'

▲ *Cymbidium insigne*

◀ *Cymbidium* Shell Pearl

Dendrobium – kühler wachsende Arten

Als der schwedische Naturforscher Olof Swartz 1799 die Gattung *Dendrobium* schuf, kannte man nur 11 Arten. Heute gehört sie mit mehr als 1.200 Arten zu den ganz großen Orchideengattungen. Das riesige Verbreitungsgebiet von Indien über Indochina, Südchina, Japan, Indonesien, die Philippinen, Papua-Neuguinea und Nordaustralien bis hin zu den Fiji-Inseln umfasst eine große Vielzahl von Lebensräumen. Die ersten Dendrobien kamen überwiegend aus Sikkim, Assam und Burma. Sie wurden von den Engländern eingeführt, die dort Kolonialmacht waren. Sie gehören zur Gruppe um *Den. nobile* und leben in einem vom Monsun geprägten Klima mit ausgeprägten Jahreszeiten. Wie die im gleichen Lebensraum

▲ *Dendrobium wardianum*

▶ *Dendrobium nobile*

wachsenden Cymbidien mögen sie eine Übersommerung im Freien. Viele von ihnen werfen im Winter ihre Blätter ab. Dies gehört zum normalen Lebensrhythmus und ist kein Zeichen dafür, dass es der Pflanze schlecht geht. Meist blühen sie im Winter oder im Frühjahr aus den kahlen Stämmen heraus. Nach der Blüte kommt der Neuaustrieb. Die alten, blattlosen Bulben dienen als Nährstoffspeicher für die Neutriebe und dürfen nicht entfernt werden, so lange sie nicht völlig vertrocknet und verschrumpelt sind. Im Herbst brauchen die Pflanzen eine trockene und kühle Ruhezeit, die mit der Bildung der Knospen endet.

Während die Naturformen recht sperrig wachsen können und sich manchmal als etwas „blühfaul" erweisen, sind die so genannten „Yamamoto-Hybriden" aus Hawaii, die über Holland zu uns kommen, recht kompakt und durch die Mischung verschiedener Arten auch relativ blühfreudig.

▲ *Dendrobium* **Christmas Cheer**

▶ *Dendrobium goldschmidtianum*

▶▶ *Dendrobium* **Stardust**

Kulturkalender *Dendrobium-nobile*-Hybriden

	Januar	Februar	März	April	Mai	Juni	Juli	August	September	Oktober	November	Dezember
Licht	☀️🌥️	☀️🌥️	☀️🌥️	☀️🌥️	☀️🌥️	☀️🌥️	☀️🌥️	☀️🌥️	☀️🌥️	☀️🌥️	☀️🌥️	☀️🌥️
Temperatur	8/15	8/15	12/18	12/18	14/20	14/20	14/20	14/20	14/20	14/20	12/18	8/15
Gießen	🪣	🪣	🪣	🪣	🪣	🪣	🪣	🪣	🪣			
Blüte/Wachstum	🌸	🌸	🌸	🌱	🌱	🌱	🌱	🌱	🌱			

Dendrobium – wärmer wachsende Arten

Die farblich attraktiven Blüten von *Dendrobium phalaenopsis* begegnen uns häufig in asiatischen Restaurants als Schnittblumen. Ihre Eltern stammen überwiegend aus dem nördlichen und östlichen Australien. Unter ihnen gibt es neben den bis zu einem Meter hohen Schnittblumen-Hybriden auch eine Vielzahl kleinerer Kreuzungen aus Thailand, die sich hervorragend für die Zimmerkultur eignen. Sie mögen die gleichen Bedingungen wie *Phalaenopsis* (Die Namensgleichheit bezieht sich nur auf die ähnlich aussehenden Blüten, nicht auf eine Verwandt-

schaft!), vertragen aber mehr Licht. Das Farbspektrum recht von weiß über rosa und rot bis zu einem wirklich tiefen Violett und einer Vielzahl von unterschiedlichen Zeichnungen.

Ähnliche Kulturbedingungen lieben auch einige der neueren Hybriden aus der Gruppe der „Antilopen-Dendrobien". Ihre Petalen sind schmal und wie Antilopenhörner gedreht. Während die Naturformen meist sehr empfindlich sind, zeichnen sich die Hybriden und die selektierten Pflanzen aus Nachzuchten durch größere Toleranz aus und können auch auf der Fensterbank erfolgreich kultiviert werden. Dies gilt besonders für *Den. antennatum* und *Den. canaliculatum*.

◄ **Dendrobium phalaenopsis**

▼ **Dendrobium**-Hybride

Kulturkalender *Dendrobium-phalaenopsis*-Hybriden

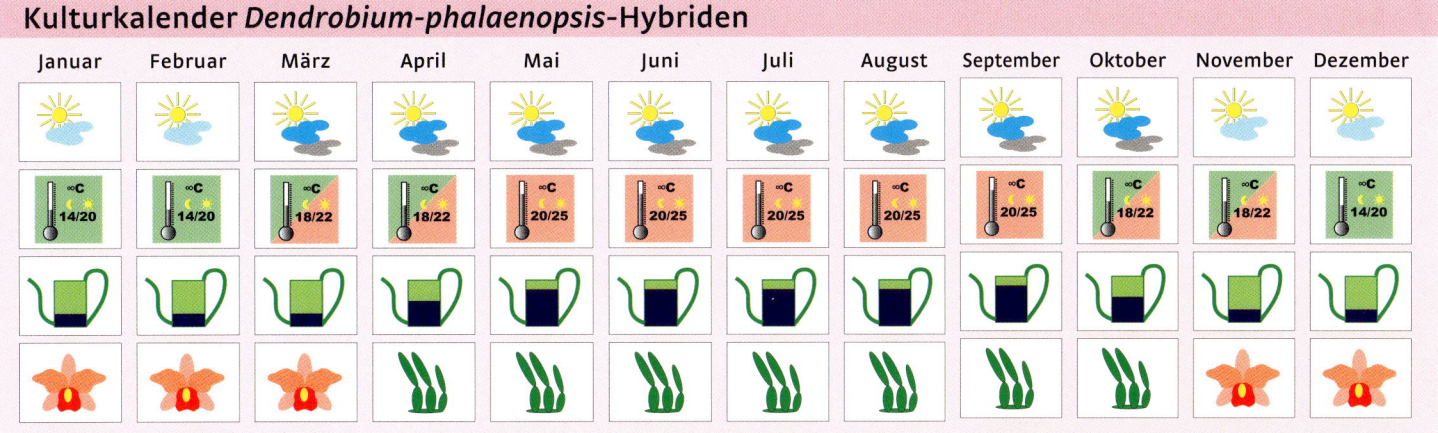

Januar	Februar	März	April	Mai	Juni	Juli	August	September	Oktober	November	Dezember
14/20	14/20	18/22	18/22	20/25	20/25	20/25	20/25	20/25	18/22	18/22	14/20

▲ ▲ *Dendrobium phalaenopsis* – dunkelviolette Hybride

▲ *Dendrobium phalaenopsis* – hellrosa Hybride

◀ *Dendrobium spectabile*

Lycaste

Mittelamerika und das nördliche Südamerika sind die Heimat der beiden eng verwandten Gattungen *Lycaste* und *Maxillaria*. Der Name *Lycaste* stammt aus dem Griechischen und ist der Name einer Nymphe, aber auch der Name der Tochter des trojanischen Königs Priamos. Die Pflanzen wachsen epiphytisch, lithophytisch oder terrestrisch an meist geschützten Standorten. Unter Kulturbedingungen lieben die Pflanzen, die manchmal recht groß werden können, entsprechend große Töpfe oder flache Schalen. Der temperierte Bereich sagt ihnen am besten zu. Viele Arten werfen im Winter

◀ *Angulocaste* **Wössner Rose**

▼ *Lycaste* **Macamar**

Kulturkalender *Lycaste*

Januar	Februar	März	April	Mai	Juni	Juli	August	September	Oktober	November	Dezember
☀️	☀️	☀️	☀️	☀️	☀️	☀️	☀️	☀️	☀️	☀️	☀️
8/15	8/15	12/18	12/18	12/18	12/18	12/18	12/18	12/18	12/18	12/18	8/15
🪴	🪴	🪴	🪴	🪴	🪴	🪴	🪴	🪴	🪴	🪴	🪴
		🌱	🌱	🌱	🌱	🌱	🌱	🌸	🌸	🌸	

ihr Laub ab. Die zahlreichen, einblütigen Blütenstände erscheinen kurz vor oder zusammen mit dem Neutrieb. Für die Zimmerkultur eignen sich vor allem die kleiner bleibenden Arten um *Lycaste cruenta*. Es gibt eine große Zahl wunderschöner Hybriden, die allerdings wegen ihrer Größe etwas aus der Mode gekommen sind und unwiederbringlich zu verschwinden drohen.
Die Gattung *Maxillaria* ist überaus vielgestaltig. Viele Arten wachsen kletternd an Baumstämmen und sind daher für die Topfkultur nicht geeignet. Allerdings lassen sich auch hier einige für die Zimmerkultur geeignete Arten finden wie beispielsweise *Maxillaria variabilis*.

▶ *Maxillaria* **coccinea**

▼ *Angulocaste* **Olympus**

▶ ▼ *Lycaste* Jason

Masdevallia

Die nach einem spanischen Arzt und Naturforscher benannte Gattung *Masdevallia* unterscheidet sich in vielerlei Hinsicht sehr deutlich von vielen anderen Orchideen. Die Lippe und die Petalen sind winzig klein, während die anderen Blütenblätter zu einem meist dreieckigen oder röhrenförmigen Gebilde zusammengewachsen sind. Vor allem die farbenprächtigen Arten aus dem Hochland und den Westhängen der Anden erstrahlen in leuchtenden Farben, mit denen wahrscheinlich Kolibris als Bestäuber angelockt werden. Eine andere Besonderheit teilen sie mit den anderen Gattungen der *Pleurothallis*-Verwandten. Sie besitzen keine Pseudobulben, sondern mehr oder weniger lange „Stämmchen", die ein einzelnes Blatt tragen (so genannte „Ramicaule"). Sie leben als Epiphyten oder Lithophyten in Gebieten, in denen sie mehrmals täglich durch Regen, Wolken oder Tau benetzt werden. Auch in Kultur dürfen sie daher niemals austrocknen. Die meisten Arten leben in Regionen mit kühlem oder sogar kaltem Klima. Das macht sie für die Zimmerkultur außerhalb einer Vitrine nur bedingt geeignet. Es gibt inzwischen aber schon die ersten temperaturtoleranten Hybriden, die auch im temperierten Bereich gut wachsen. Bei den Indios gelten die um Macchu Picchu vorkommenden *Masdevallia veitchiana* als Reinkarnation von Prinzessinnen.

◀ *Masdevallia* Golden Tiger

▶ *Masdevallia veitchiana*

Kulturkalender *Masdevallia*

Januar	Februar	März	April	Mai	Juni	Juli	August	September	Oktober	November	Dezember
8/15	8/15	8/15	12/18	12/18	12/18	12/18	12/18	12/18	12/18	8/15	8/15

Miltonia und Miltoniopsis

Hybride: Burrageara „Nelly Isler"

◀ *Brassia longissima*

Miltonia war lange Zeit eine Art „Mischgattung", die heute in mehrere unterschiedliche Gattungen aufgespalten wurde. Dabei entstanden einerseits die Gruppe der „Stiefmütterchen-Orchidee" *Miltoniopsis* und andererseits die „Spektabilis-Gruppe" um *Miltonia spectabilis*. Außerdem wurden einige Arten, die nicht so recht hierher passten, in die Gattungen *Oncidium* und *Miltonioides* überführt. Manchmal ärgern sich Liebhaber über die Umbenennungen, die von Taxonomen scheinbar willkürlich durchgeführt werden, in diesem Fall aber war das sehr sinnvoll. Die Arten der Gattung *Miltoniopsis* kommen aus dem Hochland Kolumbiens und Perus und sind an feucht-kalte Kulturbedingungen (Topfkultur im kühlen Bereich) angepasst. Ihre großen, farbenprächtigen Blüten erfreuen uns vor allem im Frühjahr und im Herbst.

Die Kultur ist nicht einfach, aber sehr lohnend. Die Pflanzen mögen eine dauerhaft feuchte, aber nicht zu nasse Umgebung und Temperaturen, die auch im Sommer nie über 30 °C ansteigen. Sie neigen bei zu niedriger Luftfeuchtigkeit dazu, „Ziehharmonika-Blätter" zu bilden, die sich nicht richtig entfalten. Etwas weniger anspruchsvoll sind die Hybriden der Gruppe um *Miltonia spectabilis*, die im temperierten Bereich keine besonderen Ansprüche stellen und rasch zu großen Schaupflanzen heranwachsen können, die eine gute Kultur in jedem Herbst zuverlässig mit üppiger Blüte belohnen. Die „Spinnenorchideen" der Gattung *Brassia* sind eng mit ihnen verwandt. Sie gedeihen ebenfalls in Topfkultur im temperierten Bereich auch auf der Fensterbank. Ihre bizarren Blütenformen finden sich teilweise auch in den Kreuzungen mit Miltonien (*Miltassia*) und in Mehrgattungshybriden wie *Beallara*.

Kulturkalender *Miltonia spectabilis* und -Hybriden

Januar	Februar	März	April	Mai	Juni	Juli	August	September	Oktober	November	Dezember
12/18	12/18	12/18	14/20	14/20	18/22	18/22	18/22	14/20	14/20	12/18	12/18

▲▲ *Miltoniopsis phalaenopsis*

▲ *Miltoniopsis*-Hybride

◀ *Miltassia*-Hybride

Odontoglossum

Die kühlen Gebirgsregionen und die Nebelwälder sind die Heimat der Gattung *Odontoglossum*, die sich vor allem in England
und Belgien im 19. Jahrhundert großer Be-
liebtheit erfreuten. Die großen weißen Blüten von *Odontoglossum crispum* strahlen
auch heute noch eine kühle, aristokratische
Eleganz aus, wenn sie sich durch langjährige Selektion und Züchtung heute auch
wesentlich weniger divenhaft benehmen
als damals. Dennoch sind die Naturformen
dem Liebhaber mit einem kühlen Gewächshaus vorbehalten. Die zahlreichen Abbildungen in der „Lindenia", einer Veröffentlichung des belgischen Gärtners Jean Linden,
zeigten im 19. Jahrhundert eine unüberschaubare Vielfalt an Farbformen und Va-
rianten dieser Orchidee, die heute leider

▲ *Lemboglossum cervantesii*

▶ ▲ *Ada aurantiaca*

▶ *Odontoglossum* **Kuno Krieger**

◀ *Rossioglossum grande*

durch die Zerstörung der ursprünglichen
Lebensräume und durch den Verlust der
alten Orchideensammlungen für immer
verschwunden ist. Glücklicherweise ist
wenigstens ein Teil dieser Vielfalt in den
zahlreichen *Odontonia*- (mit *Miltonia*) und
Odontioda-Hybriden (mit *Cochlioda*) erhalten geblieben. Neben den aus den Anden-
regionen stammenden Pflanzen wurden
früher einige heute den Gattungen *Rossioglossum* und *Lemboglossum* zugeordnete
Arten als *Odontoglossum* bezeichnet.
Diese Orchideen wachsen im temperierten
Bereich und können größtenteils auch auf
der Fensterbank gepflegt werden.

▲ *Zygopetalum* Luisendorf

▶ *Odontioda* Keighleyensis

▼ *Odontoglossum* Wössner Corona

Aus den Naturformen der *Odontoglossum*-Gruppe, zu denen man neben dieser Gattung auch *Miltonia, Cochlioda, Oncidium, Rossioglossum* und *Lemboglossum* und ein paar weitere Orchideen zählt, wurde eine große Zahl von Mehrgattungshybriden gezüchtet, die eine unübersehbare Vielfalt an Blütenformen und Farben bieten und vor allem auch sehr einfach in der Kultur sind. Sie lassen sich völlig problemlos auf der Fensterbank pflegen, wobei aber einige Hybriden sehr groß werden können. Aufgrund der Tatsache, dass häufig mehr als drei Gattungen beteiligt sind, besitzen viele dieser Kreuzungen keine feste Blütezeit mehr und man kann das ganze Jahr über Freude an ihnen haben. Die Hauptblütezeit, zu der man mit den meisten blühenden Pflanzen rechnen kann, zieht sich vom Herbst durch den Winter bis ins Frühjahr hinein, da die meisten Pflanzen im Sommer ihre Wachstumszeit haben, in der sie die Neutriebe bilden. Eine der bekanntesten Hybriden ist die *Vuylstekeara* Cambria. Diese Pflanze war so berühmt und ist durch Meristemisierung so stark vermehrt worden, dass die Gärtner Hollands den Namen „Cambria" für fast alle Orchideen verwenden (was natürlich nicht richtig ist!). Neben *Vuylstekeara* gibt es noch *Alexanderara, Aliceara, Aspondonia, Bakerara, Baldwinara, Banfieldara, Beallara, Blackara, Brilliandeara, Charlesworthara, Colmanara, Crawshayara, Degamoara, Forgetara, Goodaleara, Lagerara, Maclellanara, Petittara, Richardsonara, Sanderara, Schafferara, Stewartara, Vanalstyneara* und *Wilsonara* (ohne Anspruch auf Vollständigkeit).

Kulturkalender *Odontoglossum*-Hybriden

	Januar	Februar	März	April	Mai	Juni	Juli	August	September	Oktober	November	Dezember
Temperatur °C	12/18	12/18	12/18	14/20	14/20	14/20	14/20	14/20	14/20	14/20	12/18	12/18

▲ *Odontioda* Fiona Isler

◀ *Vuylstekeara*-Hybride

Oncidium

»Colmanara - Wild Cat «

▲ Oncidium viperinum

▶ Oncidium-Hybride

Kulturkalender *Oncidium*-Hybriden

Januar	Februar	März	April	Mai	Juni	Juli	August	September	Oktober	November	Dezember
12/18	12/18	12/18	14/20	14/20	14/20	14/20	14/20	14/20	14/20	12/18	12/18

Mit fast 1.000 Arten gehört auch *Oncidium* zu den großen Gattungen unter den Orchideen. In den Anfangsjahren hatte man alle neuen Pflanzen, die auch nur entfernte Ähnlichkeiten hatten, in diese Sammelgattung überführt. Inzwischen sind die Taxonomen dabei, die Gattung zu überarbeiten und zu zerlegen. So wurden die kleinen, farbenprächtigen „variegaten Oncidien" zu *Tolumnia* gestellt, während die großblumigen „Schmetterlings-Oncidien" wie *Oncidium papilio* heute *Psychopsis* heißen. Glücklicherweise gehören die Pflanzen dieser neuen Gattungen nicht zu denen, die in den zahlreichen Mehrgattungshybriden verwendet wurden. Dadurch braucht man keine Umbenennungen in den Hybriden vornehmen. Diese Kreuzungen wie zum Beispiel die zahlreichen *Wilsonara*-Hybriden besitzen glücklicherweise eine negative Eigenschaft nicht, die leider viele der an

▲ *Oncidium jonesianum*

▲ ◄ *Oncidium varicosum*

sich recht attraktiven Naturformen haben, die an Baumstämmen kletternd wachsen. Bei ihnen wächst der Neutrieb häufig oberhalb der älteren Bulben, was dazu führt, dass die Pflanzen sich nur schlecht eintopfen lassen. Bei den Mehrgattungshybriden haben sich diese Eigenschaften etwas verloren. Sie wachsen viel kompakter und

sind für die Zimmerkultur bestens geeignet. Es gibt aber auch unter den zahlreichen Naturformen viele Pflanzen, die im Zimmer gut gedeihen. Dazu zählt beispielsweise *Oncidium ornithorhynchum*, das sich zudem durch einen intensiven Vanille-Duft auszeichnet. Auch für den Liebhaber von Miniatur-Orchideen findet sich eine Vielzahl von kleinen Schmuckstücken, die sich für die Vitrinenkultur oder das Gewächshaus eignen, wie zum Beispiel *Oncidium pumilum*, *Psygmorchis pusilla* oder *Psychopsiella limmingheii*.

Paphiopedilum

▲ *Paphiopedilum conco-bellatulum*

▶ *Paphiopedilum*-Hybride

In der Taxonomie (Wissenschaft der Systematik und Namensgebung) wurde der Name „Frauenschuh" gleich mehrfach umgesetzt. Der Name *Cypripedium* bezieht sich auf den Fuß der Aphrodite und *Paphiopedilum* auf die Sandale der Venus. Diese Namen beziehen sich auf die schuhförmige Lippe, die eine besondere Rolle bei der Bestäubung der Orchideen spielt. Angelockt durch den glänzenden Schild des Staminodiums fallen die anfliegenden Insekten in den Schuh hinein und können nur an einem vorgegebenen Weg an der Narbe und den Pollinien vorbei entkommen. Wie bei sehr vielen anderen Orchideen, ist das Verbreitungsgebiet dieser Gattung sehr groß. Obwohl fast alle Arten nur als Erdorchideen leben, haben sie von den Südhängen des Himalayas über die Kalkfelsen Thailands bis zu den Tiefland-Urwäldern Borneos oder Papua-Neuguineas ein breites Spektrum an Lebensräumen erobert. Sie bewohnen Humusnester und Ansammlungen von Erde in Spalten und Höhlungen im Stein oder leben terrestrisch im lockeren Boden. Die meisten der etwa 100 Arten lassen sich relativ problemlos auch auf der Fensterbank bei Topfkultur in normalem Orchideensubstrat pflegen, denn fast alle mittelgroß wachsende *Paphiopedilum*-Arten leben im temperierten Bereich. Den warmen Bereich dagegen bevorzugen die aus den tropischen Regenwäldern stammenden Arten wie *Paphiopedilum rothschildianum* oder *Paph. stonei*. Sie sollten auch wegen ihrer Größe nur im Gewächshaus kultiviert werden. Die zahlreichen Hybriden erweitern das Spektrum erheblich, aber auch heute noch werden immer neue Arten entdeckt wie das farbenprächtige *Paph. vietnamense* oder das wunderbar duftende *Paph. hangianum*. Diese Pflanzen stammen aus den erst seit kurzem zugänglichen Regionen Vietnams und Südchinas. Alle Frauenschuh-Orchideen stehen im Anhang 1 des Washingtoner Abkommens und dürfen nur als künstlich vermehrte Pflanzen gehandelt werden.

▶ **Paphiopedilum Harrisianum (Paph. barbatum x Paph. villososum), eine Kreuzung aus dem Jahr 1869.**

Kulturkalender temperiert wachsende *Paphiopedilum*-Arten und -Hybriden

Januar	Februar	März	April	Mai	Juni	Juli	August	September	Oktober	November	Dezember
14/20	14/20	14/20	18/22	18/22	18/22	18/22	18/22	18/22	14/20	14/20	14/20

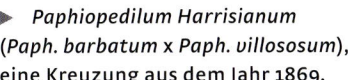

Phragmipedium

◀ *Phragmipedium* **Hanne Popow x Mem. Dick Clements**

In Mittel- und Südamerika nimmt die Gattung *Phragmipedium* die Stellung ein, die *Paphiopedilum* in Asien hat. Auch hierbei handelt es sich um sympodial wachsende Pflanzen mit Blattfächern, aus deren Mitte ein Blütenstand mit den typischen Frauenschuh-Blüten entspringt. Die Zahl der Arten ist zwar etwas kleiner und die Vielfalt der Lebensräume nicht so groß, aber auch in dieser Gattung finden sich viele für die Fensterbankkultur geeignete Arten. Sie brauchen fast durchgehend mehr Feuchtigkeit und mehr Licht als ihre asiatischen Verwandten, sind aber in der Pflege meist recht problemlos. Für großes Aufsehen sorgten die kürzlich neu entdeckten Arten. Erst 1981 wurde *Phragmipedium besseae* beschrieben, eine Art mit aufregend rot gefärbten Blüten, die ihre leuchtende Farbe an ihre Nachkommen weitergeben. So sind zahlreiche schöne Kreuzungen wie zum Beispiel *Phrag.* Don Wimber oder *Phrag.* Sorcerer's Apprentice entstanden. Im Juni 2002 beschrieben drei Wissenschaftler in der Zeitschrift des Selby Botanical Garden

Kulturkalender *Phragmipedium*

Januar	Februar	März	April	Mai	Juni	Juli	August	September	Oktober	November	Dezember
14/20	14/20	18/22	18/22	18/22	20/25	20/25	20/25	18/22	18/22	14/20	14/20

eine Aufsehen erregende Pflanze unter dem Namen *Phragmipedium kovachii*. Damit wurde ein „Orchideenkrimi" ausgelöst, denn ein wissenschaftlicher Konkurrent, der die selbe Art unter einem anderen Namen beschreiben wollte, zeigte den Besitzer der Pflanze an, weil die Pflanze seiner Ansicht nach nicht legal in die USA gekommen sein konnte. Leider hat das damit verbundene Aufsehen nur dafür gesorgt, dass die bekannten Naturstandorte dieser neuen Art binnen kurzem von Sammlern ausgeräumt worden sind. Es bleibt zu hoffen, dass die wenigen importierten Pflanzen künstlich vermehrt werden, denn sie sind nun die einzige Basis für ein Überleben der Art.

▲ *Phragmipedium* Hanne Popow, heller Typ

◄ *Phragmipedium*-Hybride

▲▲ *Phragmipedium besseae*

▲ *Phragmipedium* Don Wimber

Phalaenopsis

▲ ▲ *Phalaenopsis* Brother Golden Empress

▲ *Phalaenopsis* Carmelas Pixie x Ta Bei Chow

▶ *Phalaenopsis*-Hybride

In jedem Blumengeschäft und jedem Gartencenter sind die zahlreichen Hybriden der Gattung *Phalaenopsis* als „die Orchidee" schlechthin zu bekommen. Zu einem sehr großen Teil stammen sie aus den Großgärtnereien aus Holland, wo sie in unglaublichen Stückzahlen geradezu industriell produziert werden. Sie sind durch langjährige Zucht und sorgfältige Auswahl der Eltern optimal für die Kultur auf der Fensterbank

geeignet und sind in vielen Fällen wesentlich günstiger als beispielsweise ein Blumenstrauß. Diese Massenvermehrung, die durch Labor-Anzucht und Meristemisierung viel zur Verbreitung der Orchideen beigetragen hat und sie für jedermann erschwinglich machte, hat leider auch ihre Schattenseiten. Gerade weil *Phalaenopsis* so günstig geworden sind, haben sie den Charakter einer „Einwegblume" bekommen. Viele Pflanzen werden in den Großgärtnereien durch gezielte Düngung und Beleuchtung mit Kunstlicht darauf getrimmt, so schnell wie möglich zur „Verkaufsreife", das heißt zur ersten Blüte zu kommen. Beim Kunden brauchen sie dann nach dem Abblühen und dem Stress der mehrfachen Umgewöhnung (Großgärtnerei, Blumenladen, Fensterbank) erst einmal eine Erholungspause. Ungeduldige Kunden werfen die Pflanze in dieser Zeit einfach weg, dabei zeigen sie erst nach ein bis zwei Jahren guter Kultur, was sie wirklich an Blühleistung bringen können. Dabei sind sie sehr anspruchslos: mäßiges Licht, Raumtemperaturen von etwa 15 bis 18 °C nachts und etwas über 20 °C tagsüber, ein Mal in der Woche gießen (immer mit ein wenig Orchideen-Dünger) und frischen Pflanzstoff alle zwei Jahre sind alles, was sie brauchen.

Im Verlauf der über viele Generationen laufenden Nachzucht und Hybridisierung sind die heutigen *Phalaenopsis* sehr viel anspruchsloser als ihre leider sehr selten gewordenen Naturformen in den feuchten Regenwäldern Indonesiens und der Philippinen, wo der Verbreitungsschwerpunkt der Gattung liegt. Die Pflanzen wachsen dort als Epiphyten hoch oben in den Baumkronen in einem feucht-warmen Klima bei viel frischer Luft und einem leichten Wind. Das machte es früher sehr schwer, sie zu

▶ *Phalaenopsis equestris*

▼ *Phalaenopsis* Fantasy Music x *bastianii*

kultivieren. Die wechselvolle Geschichte von *Phalaenopsis amabilis* beispielsweise beginnt bereits 1750, als der aus Hessen stammende Botaniker Rumphius sie als *Angreacum album majus* beschrieb. Carl von Linné bezeichnete sie 1753 als *Epidendrum amabile* und erst Carl Blume, ein niederländischer

Botaniker, gab ihr 1825 den heute gültigen Namen *Phalaenopsis amabile*. Nach Europa kamen anfangs die meisten Pflanzen aber nur als getrocknete oder vertrocknete Exemplare, denn sie überlebten oft den langen Transport auf dem Seewege nicht. Heute kennt man etwa 45 Arten und einige eng

Kulturkalender *Phalaenopsis* (viele Sorten blühen und wachsen ganzjährig)

Januar	Februar	März	April	Mai	Juni	Juli	August	September	Oktober	November	Dezember
18/22	18/22	18/22	20/25	20/25	20/25	20/25	20/25	18/22	18/22	18/22	18/22

verwandte Gattungen wie *Doritis* und *Kingidium*. Neben den relativ großblumigen weiß und rosa blühenden Arten mit einer runden, geschlossenen Blütenform gibt es auch eine Vielzahl von *Phalaenopsis*-Arten mit kleineren, sternförmigen Blüten mit gelblichen, rötlichen und bräunlichen Farbtönen und hübschen Zeichnungen auf den Blütenblättern. Die Blütenstiele dieser Naturformen sollte man nach dem Abblühen nicht abschneiden, da sie über mehrere Jahre immer wieder Blüten (und Kindel) tragen können.

▶ **Phalaenopsis stuartiana**

▼ **Phalaenopsis** Little Emperor 'Orange'

▶ ▼ **Doritaenopsis**-Hybride

▶ *Phalaenopsis*-Hybride

▼ *Phalaenopsis*-Hybride

▲ *Phalaenopsis bellia* (syn. *Phal. violacea*)

◀ *Paraphalaenopsis* **Wendy Star**

Die Zahl der *Phalaenopsis*-Hybriden ist unübersehbar groß. Vor allem aus Holland kommen sehr viele Kreuzungen zu uns, die in Blumengeschäften, Gartencentern und Baumärkten zu bekommen sind. Leider tragen diese Pflanzen fast nie einen Namen oder, wenn überhaupt, nur Phantasiena-

▲ ◄ *Phalaenopsis* **Zuma Pixie**

▲ *Paraphalaenopsis*-Hybride

men. Alle diese Kreuzungen gehen übrigens fast ausschließlich auf fünf Arten zurück. Da der Markt mit dieser Massenware vielfach „gesättigt" ist, kommt natürlich bei den echten Liebhabern der Wunsch nach neuen Farben und Blütenformen auf. Vor allem aus Hawaii und Taiwan kommen daher häufiger Hybriden zu uns, die auch andere Kreuzungspartner in ihrem Stammbaum haben. Früher gab es als einzige Gattungshybride *Doritaenopsis*, die Kreuzung zwischen *Doritis* und *Phalaenopsis*, die mit großen, häufig dunkelrot gefärbten Blüten bezaubert. Leider wachsen sie relativ langsam und sind daher meist etwas teurer als andere *Phalaenopsis*. Das hat sich inzwischen geändert. Neben reinen *Phalaenopsis*-Hybriden wie zum Beispiel *Phal.* Princess Kaiulani (einer Kreuzung mit *Phal. bellina*) oder *Phal.* Black Ball (eine Hybride mit fast schwarzen Flecken) gibt es mittlerweile eine lange Liste von 50 Mehrgattungshybriden, an denen *Phalaenopsis* beteiligt ist. Viele davon werden in Südostasien für den Schnittblumenmarkt gezüchtet, aber es gibt unter ihnen auch einige, die als Topfpflanzen für die Zimmerkultur geeignet sind. Diese sehr farbenprächtigen Hybriden finden langsam auch bei uns immer mehr Freunde auch wenn sie etwas höhere Ansprüche stellen.

Vanda und Ascocenda

Kulturkalender *Vandeen*

	Januar	Februar	März	April	Mai	Juni	Juli	August	September	Oktober	November	Dezember
	☀️	☀️	☀️	☀️	☀️	☀️	☀️	☀️	☀️	☀️	☀️	☀️
	18/22	18/22	18/22	20/25	20/25	20/25	20/25	20/25	20/25	20/25	18/22	18/22
	🫗	🫗	🫗	🫗	🫗	🫗	🫗	🫗	🫗	🫗	🫗	🫗
		🌺	🌺	🌺	🌺	🌿	🌿	🌿	🌿	🌿	🌿	🌿

▲ *Vanda* Miss Joaquim

▶ *Vanda*-Hybride

◀ *Vanda* Marisaki

Die Gattung *Vanda* verdankt ihren Namen einem schönen Märchen von den Philippinen, nach dem die Blüten aus den Tränen einer göttlichen Königin entstanden, die um ihren im Krieg getöteten Gatten trauerte. Etwas profaner ist die Geschichte als gärtnerisch bedeutsame Orchidee. Bereits im Jahre 1795 wurde die Gattung von Sir W. Jones (allerdings nicht gültig) beschrieben. Der englische Botaniker Brown machte diese Beschreibung 1820 gültig, in dem er *Vanda roxburghii* als Typus-Art beschrieb. Die Zahl der Arten nahm im Laufe der Zeit auf etwa 80 zu, wurde aber durch Ausgliederung von Gattungen wie *Euanthe*, *Papilionanthe* oder *Trudelia* auch wieder etwas verkleinert. Da dies aber zu einer Flut von Umbenennungen bei den zahllosen Hybriden führen würde, werden viele dieser Gattungen von der Royal Horticultural Society, die für die Registrierung von Orchideen-Hybriden zuständig ist, nicht anerkannt. Für den Liebhaber sind die teilweise sehr groß werdenden Naturformen nur interessant, wenn er ein Gewächshaus besitzt. Einige der kleineren Arten, die heute unter dem Namen *Trudelia* bekannt sind, lassen sich in Lattenkörbchen mit wenig oder ganz ohne Pflanzstoff auch am Fenster kultivieren. Fast alle Vandeen brauchen sehr viel Frischluft um ihre Wurzeln, die regelmäßig nach dem Gießen oder Sprühen abtrocknen sollen. Ähnliches gilt für verwandte Gattungen wie *Ascocentrum*, *Aerides* oder *Rhynchostylis*. Vor allem die letzten beiden Gattungen besitzen zudem hängende Blütenrispen und sollten daher im Hängekörbchen gepflegt werden.

Sehr viel pflegeleichter sind die zahlreichen Mehrgattungshybriden. Vor allem für die Schnittblumenproduktion wurden inzwischen mehr als 75 Kreuzungen gezüchtet, in denen *Vanda* als Kreuzungspartner eine Rolle spielt. In Südostasien werden die Blüten gern als Opfergaben bei religiösen Zeremonien verwendet. Da die Elternpflanzen wie die überaus lebhaft gefärbten *Renanthera* recht groß werden, sind viele dieser Hybriden ebenfalls sehr wüchsig und können leicht 1,5m und mehr erreichen.

Aber es gibt auch eine Reihe von Hybriden, die auch als Topfpflanzen gut geeignet sind. Vor allem die kleinen, leuchtend gefärbten *Ascocentrum*-Kreuzungen sind hierfür besonders gut geeignet. Das Farbspektrum dieser Hybriden reicht von gelb, orange und rot bis hin zu einem tiefen blau, was für Orchideen eine außergewöhnliche Farbe ist. Alle Vandeen lieben einen sehr groben und lockeren Pflanzstoff, regelmäßiges Sprühen der Wurzeln, die aber jedes Mal gut abtrocknen müssen, relativ hohe Luftfeuchtigkeit

und viel Licht. Außer in der sommerlichen Mittagszeit können sie auch Sonnenschein gut vertragen. Bei guter Pflege können diese Mehrgattungshybriden mehrmals im Jahr blühen. Einige wie die *Ascofinetia* Peaches bezaubern außer durch die zarten Farben auch durch einen angenehmen Duft.

▶ *Renanthera*-Hybride

▼ *Renanthera*-Hybride

◀ ▼ *Ascocenda*-Hybride

▲ *Ascocenda*-Hybride

◀ *Rhynchovanda* Blue Lightning

Glossar

Adventivpflanze
Jungpflanze, die aus dem Haupttrieb oder an den Nodien entsteht

Anthere
der Teil der Säule, der die Pollinien erhält

apikal
zur Spitze hinweisend, zum Beispiel der oberer Teil der Infloreszenz

basal
zur Basis hinweisend, zum Beispiel der untere Teil der Pseudobulben

bifoliat
zweiblättrig, vor allem zur Bezeichnung bei Cattleyen verwendet

Bulbe
umgangssprachliche Kurzform für Pseudobulbe

diploid
bezeichnet den doppelten Chromosomensatz im Zellkern einer Pflanze

Dolde
Form des Blütenstands, bei dem alle Einzelblüten aus einem Punkt entspringen

Epiphyt
auf anderen Pflanzen (zum Beispiel Bäumen) wachsende Pflanze

equitant
Pflanzenform mit fächerartig angeordneten Blättern

Hybride
Kreuzung zwischen zwei oder mehreren Arten oder Gattungen

Infloreszenz
Blütenstand

Keiki
vor allem für Adventivpflanzen von *Dendrobium* und *Phalaenopsis* geprägter, aus Hawaii stammender Begriff

Klon
eine Einzelpflanze, die nur vegetativ (Teilung, Meristeme) vermehrt werden kann

Labellum
das zur Lippe ausgebildete Blütenblatt

Lithophyt
auf Felsen oder Steinen wachsende Pflanze

Meriklon
aus Meristem-Vermehrung hervorgegangene Pflanze (Klon)

Meristem-Vermehrung
das Heranziehen von Pflanzen durch Gewebekultur von Spross- oder Wurzelspitzen oder anderem Geweben

monopodial
Wuchsform, bei der neue Blätter kontinuierlich an der Pflanzenspitze gebildet werden

Mykorrhiza
bezeichnet die symbiotische Beziehung zwischen einer Pflanze und besonderen Pilzen

Myzel
Pilzgeflecht

Nodium
verdickter Teil eines Triebs, an dem Blätter oder Adventivsprosse entstehen

Pelorie
Mutation, bei der statt einer Lippe und zwei Petalen drei Lippen oder lippenähnliche Petalen gebildet werden

Petale
inneres Blütenblatt

Pollinie
Pollenpaket

Protokorm
noch undifferenzierter Gewebeklumpen, aus dem eine Pflanze entstehen kann

Pseudobulbe
verdickter Spross ähnlich einer Zwiebel (Bulbe)

Rhizom
verdickter Wurzelspross

Rispe
Blütenstand, bei dem die Blüten nacheinander angeordnet sind

Rückbulbe
ältere Pseudobulben, die als Reserveorgane dienen und nach Teilung aus ruhenden Augen wieder austreiben können

Saprophyt
eine Pflanze, die sich von abgestorbenem organischem Material ernährt

Säule
Verwachsung von Griffel, Narbe und Staubblättern der Blüte, die für Orchideen typisch ist

Sepale, dorsale
der Lippe gegenüberstehendes äußeres Blütenblatt

Sepale, laterale
seitliches, äußeres Blütenblatt

Symbiose
enge Beziehung von zwei oder mehr Lebewesen, bei der beide Partner profitieren

sympodial
Wuchsform, bei der der Neutrieb an der Basis des vorher-
gehenden entsteht

Taxonom
Botaniker, der sich mit der
Taxonomie, der Lehre der
Systematik der Pflanzen und
Tiere beschäftigt

Tepalen
Bezeichnung für gleichartig
ausgestaltete Blütenblätter

teret
Bezeichnung für bleistiftförmige, runde und schmale Blätter

terrestrisch
bezeichnet eine im Erdboden
wachsende Pflanze

unifoliat
einblättrig, wird vor allem bei
Cattleyen verwendet

Velamen
die äußere Schicht aus
abgestorbenen Wurzelzellen
einer Orchideenwurzel

Viscidium
Klebscheibe, an der die Pollinien
verschiedener Orchideenarten
befestigt sind

Xerophyt
Pflanze, die an extrem trockene
Umweltbedingungen oder
Lebensräume angepasst ist

Vereine und Verbände

Deutsche
Orchideengesellschaft e.V.
Flößweg 11
D-33758 Schloß Holte
Stukenbrock
www.orchidee.de

VDOF Vereinigung Deutscher
Orchideenfreunde e.V.
Mittel-Carthausen 2
D-58553 Halver
www.vdof.de

Österreich
Österreichische
Orchideengesellschaft
p. A. Erika Tabojer
Birkengasse 3
A-2601 Sollenau
www.orchideen.at

Schweiz
Schweizerische
Orchideen-Gesellschaft
Societé Suisse d'Orchidophile
Pf
CH-5000 Aarau
www.orchideen.ch

Orchideengärtnereien
*(Bei allen Orchideengärtnereien
ist vor einem Besuch eine Ter-
minabsprache empfehlenswert.)*
nach Postleitzahlen sortiert

Deutschland
Orchideenzentrum-Chemnitz
Gartenbau GmbH Chemnitzer
Blumenring Orchideenzentrum
Zschopauer Str. 277
D-09126 Chemnitz
www.orchideenzentrum-
chemnitz.de

Großräschener Orchideen
H.-J. Wlodarczyk
W.-Seelenbinder-Str. 21
D-01983 Großräschen
www.orchideenwlodarczyk.de

Niederlausitzer Gärtnerei für
Orchideen und Tillandsien
Gärtnerei Lehradt
Allmosener Hauptstr. 3
D-01983 Großräschen/Allmosen
www.orchideen-lehradt.de

Orchideen Seidel GbR
Hauptstraße 119a
D-08115 Lichtentanne
www.orchideen-seidel.de

Orchideen Rehbein
Curslacker Deich 270
D-21039 Hamburg
www.orchideen-rehbein.de

Orchideen-Garten
Marei Karge
Bahnhofstraße 24

D-21368 Dahlenburg
www.karge-orchideen.de

Orchideen Zentrum
Wichmann GmbH
Tannholzweg 1-3
D-29229 Celle/Groß Hehlen
www.orchideen-wichmann.de

Andreas Stockelbusch
Tropische Orchideen
Wielohweg 9
D-30938 Fuhrberg-Burgwedel

Radius Orchideenhandel
Andrea Schmidt
In der Bünte 3
D-30989 Gehrden
www.aerangis.de/radius.htm

Wilhelm Hennis Orchideen
Große Venedig 4
D-31134 Hildesheim
www.hennis-orchideen.de

Ludwig Orchideenzucht
Hainebuchenweg 2
D-31855 Aerzen

Orchideen-Anzucht-Kultur
Klaus-Dieter Lohoff
Wilfriedstrasse 39
D-33649 Bielefeld
www.orchideen-lohoff.de

Röllke Orchideenzucht
Flößweg 11
D-33758 Schloß Holte-
Stukenbrock
www.roellke-orchideen.de

Herrnberg Orchideen
F. Kuhmichel
D-35688 Dillenburg
(keine Besuche, nur Versand)

Orchideen Tonn
Meierbreite 2
D-37249 Neu-Eichenberg
www.orchideen-tonn.de

N. Popow Orchideen
Sandkämperstr. 1
D-38442 Wolfsburg
bpopow@t-online.de
www.npopow.de

Orchid Palace
Paasstr. 19A
D-45527 Hattingen
www.orchideenshop.de

Baumann-Orchideen
Beethovenstr. 199
D-46145 Oberhausen
www.baumann-orchideen.de

Orchideen Lucke
Bergschenweg 6
D-47506 Neukirchen-Vluyn
www.orchideen-lucke.de

Orchideen & Tillandsien
M. Holm Orchideen
Alte Bahn 206
D-47551 Bedburg-Hau-
Louisendorf
Orchideen-holm@t-online.de

Orchideen Kuhlmann
Hinsbecker Str. 17
D-47929 Grefrath
www.orchideen-kuhlmann.de

Elsner-Orchideen
Königsberger Straße 9
D-48493 Wettringen
www.elsner-orchideen.de

Lemförder Orchideenzucht
Am Rauhen Berge 8
D-49448 Lemförde
www.loz.de

Tropical-Orchids-Fochem
Elisabeth Fochem
Am Grünen Weg 13
D-50259 Pulheim-Dansweiler

Orchidarium Schronen
In der Elkes 3-5
D-54689 Daleiden/Eifel
www.orchideen-schronen.de

Orchideen Koch
Lindenhof 1
D-57368 Lennestadt-
Grevenbrück
www.orchideen-koch.de

Schwerter Orchideenzucht
Bergstr. 8
D-58239 Schwerte/Ruhr
www.schwerter-
orchideenzucht.de

Orchideen Röhl
Stemweg 14
D-59494 Soest-Paradiese
www.orchideen-roehl.de

Martha & Hans Stork
Alte Darmstädter Strasse 1
D-64521 Groß Gerau - Dornheim
www.orchideenhandel.de

Tropica GmbH
Am Holzweg 17-21
D-65830 Kriftel / Taunus
www.tropica-may.de

Orchideen Lenhard
Oliver Lenhard
Orchideenzucht und
Versandgärtnerei
Weißenburgerstr.64
D-67065 Ludwigshafen
www.orchideen-lenhard.de
(keine Besuche, nur Versand)

Speyerer Orchideenzucht
H. Nothhelfer
Gottfried-Renn-Weg 4
D-67346 Speyer
www.orchideen-nothelfer.de

Orchideen Netzer
& Café Orchidee
Ortsstrasse 138
D-69488 Birkenau-Hornbach
www.netzer.de

Bauer Bromelien/Orchideen
Stammheimer Str. 105
D-70435 Stuttgart
(Zuffenhausen)

Orchideenzucht Karin Steiger
Dürrstr. 31
D-72072 Tübingen
karinsteiger.tripod.com

Junginger Orchideen
Bernd Junginger
Reuteweg 18
D-72229 Rohrdorf
www.junginger-orchideen.de

Heinrich Hotz
Am Klosterberg 6
D-76684 Östringen (Tiefenbach)
hhotz@gmx.de

Orchids & more
Orchideenzucht
Mayerbacherstr. 94
D-85737 Ismaning
www.orchideen.com

Wössner Orchideen
Franz Glanz
Hauptstr. 28
D-83246 Unterwössen
www.woessnerorchideen.de

Cramer Orchideen
Zum Steiner 11
D-83489 Strub
www.cramer-orchideen.de

Der Orchideen Strauß
Starzenbachstraße 27
D-85304 Ilmmünster
www.orchideen-strauss.de
(keine Besuche, nur Versand)

Befort Gartenbau
Asamstrasse 21
D-85356 Freising
www.befort-gartenbau.de

Kenntner Orchideenzucht
Birkelweg 12
D-89555 Steinheim-Sontheim

Kopf Orchideen
Hindenburgstrasse 15
D-94469 Deggendorf
www.kopf-orchideen.de

Currlin Orchideen
Franz Zeuner
Seeweg
D-97215 Uffenheim
www.currlinorchideen.de

Eisenheimer
Orchideengärtnerei
B.Wück u. G.Krönlein GbR
Setzweg 4
D-97247 Eisenheim, OT
Obereisenheim

M&M Orchideen
M. Wolff
Kaeppelesweg 11
D-97539 Wonfurt-Steinsfeld
www.m-m-orchid.com/

Nüdlinger Orchideenladen
Am Pfaffenpfad 10
D-97720 Nüdlingen
www.orchideen-beck.de

Österreich
Richard Steininger
Wienerstrasse 59
A-3433 Königsstetten

Gärtnerei Karl Zinterhof
Wassergasse 12
A-3443 Sieghartskirchen
Zugang Orchideenhäuser:
Badgasse
www.zinterhof-orchideen.at

Gärtnerei Handlbauer
Wöranstraße 5
A-4201 Gramastetten

Martin Tauber
Igler Strasse 59
A-6080 Igls
www.almenrausch.at/igls/
glashaus-tauber.html

Orchideen-Müller
August Müller –
Orchideen-Gärtnerei
Gänslestrasse 8a
A-6890 Lustenau

Steffan Fritjung
Hollenegger Str. 22
A-8530 Deutschlandsberg

Schweiz
Orchidarium Daniel Page
Route de Promenthoux
CH-1197 Prangins
www.orchidarium.ch

Gärtnerei und
Orchideenkulturen
Alfred Hofmann
Burgdorfstrasse 15
CH-3510 Konolfingen

Swissthai Orchids
Werner Bürki
Blümlisalpstrasse 18
CH-3600 Thun
buerki-anuson@bluewin.ch

Weber Orchideen GmbH
Hofstettenstr. 40
CH-4107 Ettingen
www.weberorchideen.ch

Orchideenkulturen
Ernst Gunzenhauser
Allmendstrasse 5
CH-4460 Gelterkinden

Luzerner Garten
Bruno Jenny
Adligenswilerstrasse 113
CH-6030 Ebikon
www.luzerner-garten.ch

Orchideenkulturen
Jakob Isler
Obermoos
CH-8332 Russikon

Gewächshausbau
und Orchideen-Zentrum Feustle
Feustle AG
Im Kläffler 12
CH-8370 Sirnach
www.orchideen-zentrum.ch

RA Orchid
Roland und Esther Amsler
Untermattstrasse 27 / Auen
CH-8370 Sirnach
www.orchideen-amsler.ch

Erlebnisgärtnerei Lottenbach
Gishalde
CH-8465 Rudolfingen/ZH
www.tropical-paradise.ch

Erd- und Freilandorchideen
Bernhard Röllich
Altendorfer Straße 19
D-01814 Rathmannsdorf

Ihr Gartenbau Härtl
Martina Härtl
Am Frieselbach 3
D-34305 Niedenstein
www.ihrgartenbau-haertl.de

Freiland-Orchideen-Ulrich
Orchideen und Alpenpflanzen
Zucht und Verkauf
Schlierbacher Straße 60
D-37235 Hessisch Lichtenau

terrorchids pinkepank
freilandorchideen
Inh. Barbara Imfeld-Pinkepank
Am Atzumer Weg 18
D-38300 Wolfenbüttel
www.cypripedium.biz

Orchideen Vienenkötter
Hollandtstr. 35
D-48161 Münster
www.orchideen-
vienenkoetter.de

Bambus & Orchideen
Reinhard Krewerth
Hansell 152b
D-48341 Altenberge
www.orchideen-krewerth.de

Botanische Spezialitäten
Erich Maier
Hansell 155
D-48341 Altenberge
www.erichmaier.de

Myorchids
Dr. Heinrich Beyrle
Postfach 1129
D-86316 Friedberg
www.myorchids.de

Winterharte Orchideen
Ursula Schuster
Josef-Ost-Straße 16
D-89257 Illertissen

Manfred Merz
Pflanzen und mehr
Kuhnhofer Weg 42a
D-91207 Lauf / Pegnitz
www.merz-im-web.de

Orchideen DÖPPER
Manfred Döpper
Tulpenweg 14
A-9581 Ledenitzen

Garten-Orchideen
Johann Blättler
Chatzenrain 18
CH-6064 Kerns
www.gartenorchideen.ch

Freilandorchideen
Roland Mettler
Hauptstrasse 2
CH-8489 Wildberg
freilandorchideen.ch

Gewächshaushersteller und Zubehör

Siedenburger Gewächshausbau
Auf der Welle 10
D-32369 Rahden
www.siedenburger.de

Hunecke Gewächshauszubehör
Krackser Str. 12
D-33659 Bielefeld
www.hunecke-zubehoer.de

Avaria Import und Export
(Zubehör)
Auf der Rohfackel 12
D-44879 Bochum
avaria@sphagnum.de

W. Terlinden GmbH
Transparentes Bauen
Bruchweg 1
D-46509 Xanten

Palmen GmbH
Grüner Weg 37
D-52070 Aachen
www.palmen-gmbH.de

Selfkant Wolters
Maria Lind 29
D-52525 Braunsrath
selfkant-wolters.de

Voss GmbH & Co. KG
Gartengebäude
Reichelsheimer Str. 4
Gewerbegebiet 2
D-55264 Nieder-Olm
www.voss-ideen.de

Kuno Krieger GmbH
Gahlenfeldstr. 5
D-58313 Herdecke
www.kriegergmbh.de

Albert Schneider GmbH
Gewächshäuser
Hochholzstrasse 24
D-72336 Balingen-Zilhausen
www.schneider-
gewaechshaus.de

Orchideen-Kulturbedarf
Manfred Meyer (Zubehör)
Eckenheimer Landstr. 334
D-60435 Frankfurt am Main
www.orchideen-
online.de/manfred_meyer.htm

Landauer GmbH
Carl-Benz-Str. 32
D-73037 Göppingen
www.landauer-metall.de

Beckmann KG
Simoniusstr. 12
D-88239 Wangen/Allgäu
www.beckmann-kg.de

Wama Gewächshäuser
Hollertszug 27
D-57562 Herdorf
www.wamadirekt.de

Pflanzenbedarf IRIS
Vertrieb von Manfred Meyer's
Orchideenkulturbedarf
Steinbauergasse 36
A-1120 Wien
www.orchideen12.at

TMK GmbH
Technologie in Metall und
Kunststoffen
Industrieparkstraße 6–8
A-8480 Mureck
www.princess-glashausbau.at

Gewächshausbau und
Orchideen-Zentrum Feustle
Feustle AG
Im Kläffler 9
CH-8370 Sirnach
www.orchideen-zentrum.ch

Max Meier
Orchideenbedarf Feinmechanik
Riedhaldenbuckstr. 8
CH-8427 Rorbas-Freienstein

Weiterführende Literatur

Rittershausen, Brian & Wilma,
Das große Kosmos Buch
der Orchideen, Kosmos 2001

Internet

Es gibt im Internet eine Vielzahl an Seiten, die sich mit Orchideen beschäftigen. Als Einstieg empfiehlt sich eine Recherche über gängige Suchmaschinen wie Google oder yahoo sowie über die Seiten der Vereine und kommerzieller Anbieter. Für Einsteiger und Fortgeschrittene ist die folgende sehr umfangreiche Homepage mit vielen Links und einem Diskussionsforum empfehlenswert:
www.orchideenforum.de

Register

Halbfette Seitenzahlen
verweisen auf Abbildungen

Impressum

Bildnachweis

Mit 248 Farbfotos von
Peter Beck, Stuttgart: 45 u
A. Blanke, Goslar: 2/3, 6/7, 23, 27, 28/29, 46/47, 67 u, 80/81, 94 uli, 95, 128 ure
Deutsche Orchideen-Gesellschaft/Jürgen Röth,
Schloss Holte-Stukenbrock: 88 re, 97 oli, 109 o, 112, 113 ore
Kuno Krieger, Herdecke: 16 u, 26, 29 Mi, 31 u, 31, 34, 35 beide, 39 o, 46, 50, 72 re, 73 beide, 76, 78, 79 beide, 115 oli, 115 ure, 117 li
Wolfgang Redeleit, Bienenbüttel: 29 o, 39 u, 63, 74, 77 o
Reinhard-Tierfoto, Hans Reinhard, Heiligkreuzsteinach/Eiterbach: 10, 15 o, 17 Mi, 21, 22 li, 25 u, 29 u, 40, 41 u, 42, 43 u, 44, 45 o, 64, 70 re, 82, 83, 111, 117 re, 120 re, 128 ore
Reinhard-Tierfoto, Nils Reinhard, Heiligkreuzsteinach/Eiterbach: 20, 41 o, 84 re, 87 u, 110

Alle übrigen von
Gartenschatz/Folko Kullmann, Stuttgart

Mit 4 Zeichnungen von
S. 8 entnommen aus F. H. W. Martini, Allgemeine Geschichte der Natur, 1. Teil, S. 321, Berlin und Stettin 1774
Joachim Erfkamp, Detmold: S. 14, 57
Kosmos-Verlag/Folko Kullmann, Stuttgart: S. 12

Alle Angaben in diesem Buch sind sorgfältig geprüft und geben den neuesten Wissensstand bei der Veröffentlichung wieder. Da sich das Wissen aber laufend in rascher Folge weiterentwickelt und vergrößert, muss jeder Anwender prüfen, ob die Angaben nicht durch neuere Erkenntnisse überholt sind. Dazu muss er zum Beispiel Beipackzettel zu Dünge-, Pflanzenschutz- bzw. Pflanzenpflegemitteln lesen und genau befolgen sowie Gebrauchsanweisungen und Gesetze beachten.

Unser gesamtes lieferbares Programm und viele weitere Informationen zu unseren Büchern, Spielen und Experimentierkästen, DVDs, Autoren und Aktivitäten finden Sie unter **www.kosmos.de**

Umschlaggestaltung von eStudio Calamar, Pau, unter Verwendung von Fotos von Reinhard-Tierfoto, Hans Reinhard.

Gedruckt auf chlorfrei gebleichtem Papier

2., überarbeitete Auflage
© 2004, 2008 Franckh-Kosmos Verlags-GmbH & Co. KG, Stuttgart
Alle Rechte vorbehalten
ISBN 978-3-440-11504-6
Text- und Bildredaktion: Dr. Folko Kullmann
Gestaltung: Dr. Folko Kullmann, Stuttgart
Produktion: Ralf Paucke
Printed in Italy/Imprimé en Italie

Erklärung der verwendeten Symbole

Lichtanspruch

heller Standort

schattiger Standort

halbschattiger Standort

Temperaturbereich

kühler Temperaturbereich mit optimaler Nacht- und Tagtemperatur

kühl-temperierter Temperaturbereich mit optimaler Nacht- und Tagtemperatur

temperierter Temperaturbereich mit optimaler Nacht- und Tagtemperatur

temperiert-warmer Temperaturbereich mit optimaler Nacht- und Tagtemperatur

warmer Temperaturbereich mit optimaler Nacht- und Tagtemperatur

Wasserbedarf

kein Symbol — kaum Wasserbedarf, Ruhezeit

mittlerer Wasserbedarf

wenig Wasserbedarf

hoher Wasserbedarf

Wachstums- und Blühperioden

kein Symbol — kein Wachstum, Ruhezeit

Blütezeit

Wachstumsperiode (monopodiale Arten)

Wachstumsperiode (sympodiale Arten)

Expertenwissen für Ihre Fensterbank

Ursula Braun-Bernhart
Zimmerpflanzen
144 Seiten, 318 Abbildungen
€/D 12,95; €/A 13,40; sFr 24,90
ISBN 978-3-440-10644-0

■ Kombinieren Sie die schönsten
   Zimmerpflanzen: Ob Blütenwunder
   oder Blattschmuck, ob stachelig
   oder fleischfressend – über 150
   Pflanzen im Porträt.

■ Stimmungsvoll und farbenprächtig –
   Wohnideen für jeden Geschmack!

Angelika Throll (Hrsg.)
Was blüht auf der Fensterbank?
336 Seiten, über 500 Abbildungen
€/D 12,95; €/A 13,40; sFr 24,90
ISBN 978-3-440-10780-5

■ Das umfassende Nachschlagewerk
   für alle Zimmerpflanzenfreunde – mit
   über 500 Abbildungen.

■ Palmen, Blüten- und Fruchtschmuck-
   pflanzen, Kakteen und vieles mehr –
   alles über Standort, Pflege und
   Sortenwahl.

KOSMOS

www.kosmos.de   Preisänderung vorbehalten